Françoise Milewski

LE COMMERCE EXTÉRIEUR DE LA FRANCE

Éditions La Découverte
1, place Paul-Painlevé, Paris Ve
1989

Si vous désirez être tenu régulièrement au courant de nos parutions, il vous suffit d'envoyer vos nom et adresse aux Éditions La Découverte, 1, place Paul-Painlevé, 75005 Paris. Vous recevrez gratuitement notre bulletin trimestriel **A la Découverte.**

ISBN 2-7071-1807-9

Introduction

Au fil des mois, les résultats du commerce extérieur français sont abondamment commentés dans la presse. Avec le chiffre du chômage et de la hausse des prix ils constituent désormais la une des quotidiens, tandis qu'il faut chercher attentivement les performances de la production. Il arrive même de plus en plus souvent qu'un mauvais résultat conduise à ce que le franc soit mis à mal sur le marché des changes.

Les déficits servent d'argument pour expliquer les faibles marges de manœuvre de la politique économique intérieure, et les excédents, quand ils existent, sont mis en avant comme un témoin du succès des orientations passées. Le spectre d'un déficit croissant et d'un endettement cumulatif est agité chaque fois qu'une reprise de la consommation ou de l'investissement survient. A l'opposé, le « respect des grands équilibres », en particulier de l'équilibre extérieur, est devenu l'objectif à atteindre. Il constitue l'exergue des Plans à moyen terme comme des budgets qui tracent l'orientation économique à l'horizon d'un an.

Longtemps, les déficits du commerce des marchandises et des services ont été perçus comme des accidents conjoncturels. Puis la hausse du prix du pétrole en 1973 et 1979-1980 a servi d'argument pour justifier l'impossibilité d'un équilibre, qui semblait hors de portée avec une facture énergétique multipliée par dix en l'espace de dix ans (de 1973 à 1983). Pourtant, d'autres pays, confrontés au même choc pétrolier, ont continué de dégager des excédents extérieurs. Le contre-choc de 1986, en ramenant le prix de l'énergie importée à peu près à son niveau du début des années soixante-dix, avait permis d'espérer en France un retour durable à l'excédent ; ces espoirs ont été démentis : un simple équilibre en 1986 a fait place à un déficit en 1987 et 1988.

Deux lectures des contre-performances françaises sont possibles. La première privilégie les déterminants à court terme. Une mauvaise récolte céréalière, un climat rigoureux qui élève la consommation énergétique, une hausse des salaires qui fait progresser la consommation et les importations, la coupe du monde de football qui, tous les quatre ans, fait grimper les achats de téléviseurs et magnétoscopes importés, une baisse du dollar qui décourage le tourisme américain, telle est la trame d'une première lecture possible.

La seconde lecture interprète les bons ou les mauvais résultats non comme une succession d'événements conjoncturels, mais comme le témoin des performances comparées des appareils productifs des différents pays. C'est ce point de vue qui a été privilégié dans ce livre. Nul ne peut nier que les facteurs occasionnels ont bien une réalité et un impact sur les échanges extérieurs. Mais leurs implications dépendent avant tout de la situation initiale dans laquelle ils surviennent. Faire l'économie de cette analyse conduit inéluctablement à réduire le champ des possibles à des recettes : il faut savoir bien vendre pour exporter plus, il faut davantage de civisme pour que les consommateurs évitent d'acheter des produits importés.

Les échanges entre pays et entre firmes souvent multinationales se sont considérablement développés. La France en a été partie prenante : quatrième exportateur et troisième importateur mondial en 1987, le commerce extérieur y tient une place croissante dans la production depuis la Seconde Guerre mondiale, comme dans les autres pays.

La France importe tout le pétrole qu'elle consomme parce qu'elle n'en produit pas. L'industriel achète à l'étranger un composant qui entre dans la fabrication d'un produit ou un produit fini, par exemple la machine-outil à commande numérique qu'il ne trouve pas en France. Le consommateur préférera peut-être une voiture japonaise parce qu'elle est moins chère, allemande parce qu'il l'espère plus robuste, italienne parce qu'il la trouve plus jolie. Et l'auteur en mal d'inspiration observera que sur son bureau sa gomme, son Tipp-Ex, son surligneur, son crayon à papier, son taille-crayon sont « made in Germany », son encre est « made in England », son agrafeuse est « made in USA », son feutre est « made in Japan », sa règle et son bâton de colle sont « made in France », le rouleau de Scotch est « conditionné en France » mais sa provenance est inconnue et les trombones sont trop petits pour que l'indication y soit portée. Des fabrications équivalentes existent en France pour ces produits banaux, mais, malgré les coûts de transport, il revient parfois moins cher de les importer.

Biens non substituables, avance technologique ou meilleure fiabilité, avantage de prix pour des biens interchangeables, tels sont les fondements de la multiplication des échanges entre pays.

Mais l'analyse de l'insertion française dans le commerce mondial révèle les profondes faiblesses de l'industrie. C'est l'objet de la première partie du livre. Comment la France a-t-elle réagi aux chocs (décolonisation, Marché commun, chocs pétroliers) auxquels elle a été confrontée ? Quels ont été les avantages et les coûts de l'orientation volontariste des exportations vers les pays pétroliers après 1973 ? Pourquoi la compétitivité de l'industrie est-elle désormais insuffisante ? Comment peut-on qualifier son mode de spécialisation ? Les principaux enseignements sont tirés d'une description des faits majeurs qui caractérisent les échanges extérieurs depuis 1945.

La seconde partie du livre en tire les conséquences sur la politique économique. Les faiblesses structurelles conduisent en effet à ce que les politiques de relance isolée butent sur la contrainte extérieure en creusant le déficit de la balance des paiements courants. L'analyse de quelques exemples de relance en France permet d'illustrer l'importance respective des déterminants de court terme et de long terme des échanges. Quelles sont alors les politiques d'ajustement pour gérer cette contrainte extérieure ? Les dévaluations du franc sont-elles efficaces ?

Ni manuel d'initiation aux techniques du commerce extérieur, ni recueil de séries statistiques, ni ouvrage sur les théories des échanges internationaux, ce livre a pour objet de présenter et de caractériser le commerce extérieur de la France et ses acteurs. Les informations techniques indispensables à la compréhension des raisonnements sont présentées, en général sous forme d'encadrés, et un grand nombre de tableaux et graphiques illustre le propos en même temps qu'il constitue un ensemble de références statistiques.

Avertissement : afin de ne pas alourdir le texte par des définitions, tous les termes techniques sont explicités dans un lexique situé à la fin du livre. Ils sont cependant rappelés en note de tous les graphiques et tableaux.

Première partie

L'insertion internationale de la France

I / Une interdépendance croissante depuis 1945

1. L'internationalisation des productions

Les échanges extérieurs tiennent de plus en plus de place dans la production

Les échanges extérieurs tiennent une place croissante dans la production française : au lendemain de la Seconde Guerre mondiale, les importations et les exportations de biens et services représentaient chacune 10 à 12 % du produit intérieur brut ; à la fin des années quatre-vingt, elles atteignent 25 à 30 % de l'activité intérieure. La libéralisation des échanges mondiaux puis la création de la CEE expliquent que simultanément les ventes françaises à l'étranger assurent un débouché de plus en plus grand à la production et que la pénétration étrangère sur le marché intérieur s'élève.

Les perturbations liées à la politique économique (restrictions de la demande intérieure et donc des importations certaines années) ou aux chocs externes n'ont conduit qu'à s'écarter momentanément de la tendance de long terme : les chocs pétroliers de 1973 et 1979 ont brusquement élevé la part des importations dans le produit intérieur brut (PIB) du fait du renchérissement du prix de l'énergie importée et le contre-choc de 1986 l'a réduite. On peut cependant distinguer trois périodes (graphiques 1 et 2).

GRAPHIQUE 1. — DEGRÉ D'OUVERTURE DE LA FRANCE (en francs courants)

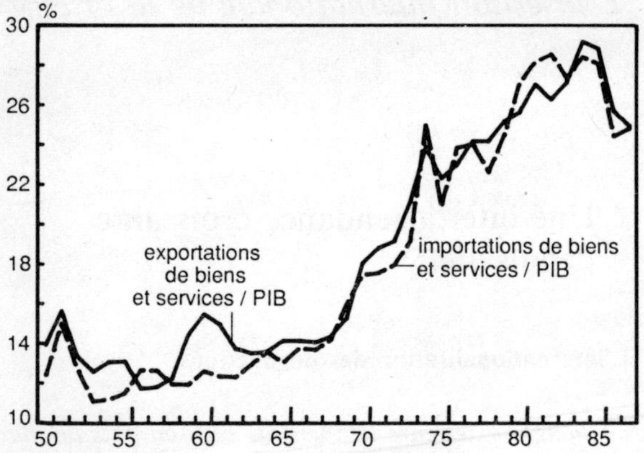

GRAPHIQUE 2. — DEGRÉ D'OUVERTURE DE LA FRANCE POUR LES MARCHANDISES (1)

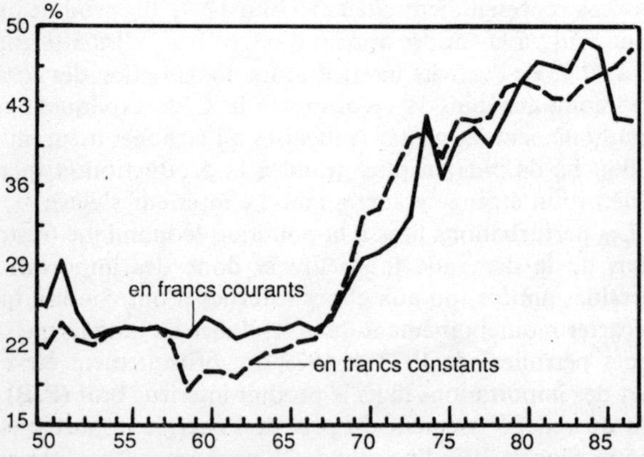

(1) Somme des exportations et des importations rapportée au PIB

Source : INSEE

• Du début des années cinquante au milieu des années soixante, les transactions externes se développent au même rythme que la production. Le degré d'ouverture de l'économie française ne s'élève pas. La même stabilité est d'ailleurs observée au niveau mondial ; les volumes échangés s'accroissent fortement, mais la concurrence très vive qu'exercent les pays pour définir un nouvel ordre international conduit à une hausse des prix du commerce international plus modérée que celle des PIB.

• La fin des années soixante et les années soixante-dix sont au contraire marquées par une croissance des échanges extérieurs beaucoup plus soutenue que celle de la production. Tandis que le PIB mondial est multiplié par cinq environ en valeur, le commerce international est multiplié par neuf ; le volume des échanges est multiplié par plus de deux et les prix quadruplent. La hausse des prix de l'énergie en est un facteur déterminant, mais elle n'est pas unique : les prix comme les volumes du commerce de produits manufacturés sont tous deux multipliés par trois au cours de cette période. Là encore, l'évolution française est semblable à celle de l'économie mondiale. En France, la part des exportations dans le PIB s'élève presque autant que celle des importations. L'énergie ne suffit donc pas à expliquer ces progressions.

• Au cours des années quatre-vingt, le degré d'ouverture se stabilise en France et recule au niveau mondial moyen. La baisse des prix de l'énergie depuis 1981 va de pair avec une évolution moins favorable du commerce de produits manufacturés. Les volumes d'échanges s'étaient ralentis dès le premier choc pétrolier et leurs prix reculent depuis 1980 sous l'effet d'une concurrence intensifiée par la mise en cause de la position dominante des États-Unis dans le commerce mondial.

Les mythes et les réalités

Des difficultés récentes de l'équilibre commercial est souvent déduit le faible poids de la France dans les échanges mondiaux. En réalité, elle est depuis la fin de la Seconde

TABLEAU I. — INDICATEURS D'OUVERTURE DES ÉCONOMIES

Degré d'ouverture en % [1]	1967	1973	1980	1985
Monde				
Marchandises	9,1	11,6	16,2	14,6
Biens et services	12,2	15,7	22,4	20,9
France				
Marchandises	20,9	29,1	37,9	39,9
Biens et services	24,9	34,3	44,3	47,2

Sources: Comptes nationaux de l'INSEE pour la France et banque CHELEM du CEPII.

1. Somme des importations et des exportations en valeur rapportée au PIB en valeur.

TABLEAU II. — PART EN VALEUR DES EXPORTATIONS ET IMPORTATIONS DE BIENS ET SERVICES DANS LE PRODUIT INTÉRIEUR BRUT

(En % du PIB)

	1960		*1970*		*1980*		*1987*	
	I*	E	I	E	I	E	I	E
États-Unis	4,4	5,2	5,5	5,9	10,7	10,2	12,2	9,5
Japon	10,3	10,8	9,5	10,8	14,6	13,7	8,9	12,6
France	12,1	14,4	14,9	15,7	22,7	21,5	20,7	20,8
RFA	16,5	19,0	19,1	21,2	27,1	26,5	26,0	31,5
Royaume-Uni	22,4	21,1	22,4	23,2	25,4	27,7	27,3	26,3
Italie	12,5	12,2	15,1	15,4	24,5	21,8	18,3	18,0
Pays-Bas	45,9	47,7	46,6	44,8	53,0	52,5	51,5	55,4
Belgique	39,3	38,4	49,4	51,9	63,0	60,5	67,0	70,2

Sources: Comptes nationaux de l'OCDE.

* I = importations ; E = exportations.

Guerre mondiale le quatrième ou le cinquième exportateur mondial selon les années. En 1987, elle se situe derrière les États-Unis, le Japon, la République fédérale d'Allemagne, mais devant le Royaume-Uni et l'Italie. La valeur des exportations par habitant est même supérieure en France à celle des États-Unis et du Japon.

Autre mythe, la faible ouverture de l'économie française. Celui-ci mérite qu'on s'y attarde davantage. Une première comparaison des degrés d'ouverture (tableau I) montre l'inverse : proche de 50 % pour les biens et services, de 40 % pour les seules marchandises, il est de deux fois à deux fois et demie plus élevé que dans le monde en 1985, comme à la fin des années soixante. Ainsi, ni en niveau ni en évolution la position de la France ne s'est détériorée dans le commerce mondial. L'ouverture de la France fut identique, voire parfois supérieure à celle de l'OCDE. Au sein même des grands pays industrialisés, les disparités sont considérables (tableau II). Aux États-Unis, les importations et les exportations ne représentent chacune que 4 à 6 % du PIB jusqu'au début des années soixante-dix. La forte croissance des échanges au cours de la décennie quatre-vingt conduit au doublement des parts relatives, qui se stabilisent ensuite à un niveau légèrement supérieur à 20 % pour l'ensemble des échanges. Le Japon, davantage ouvert que les États-Unis il y a quarante ans, l'est désormais moins : son insertion est proche de ce qu'elle était en 1950. Et chacun des pays d'Europe est davantage inséré dans les transactions internationales que les États-Unis et le Japon, les deux plus grandes puissances. Déjà, dans les années cinquante, l'avance des pays européens est manifeste ; et surtout, la création de la Communauté économique européenne en 1957 et l'élimination progressive des barrières douanières qui s'achève en 1968 ont favorisé le développement des échanges intracommunautaires. Du début des années soixante au premier choc pétrolier, la croissance en volume des exportations extracommunautaires de marchandises est identique à celle des exportations mondiales. Mais les exportations intracommunautaires ont progressé bien plus vite (3 % de plus en moyenne annuelle). La Belgique et les Pays-Bas se distinguent par la part très importante du commerce extérieur dans leur activité : plus de 50 %. La République fédérale d'Allemagne a rapidement dépassé le niveau français, tandis que la part du Royaume-Uni s'est réduite. La situation française est comparable à celle de l'Italie.

Si on considérait les seuls produits manufacturés au lieu

de l'ensemble des marchandises, les mêmes caractéristiques apparaîtraient. De la moindre ouverture que celle de la République fédérale d'Allemagne, il ne faut donc pas conclure à une faible ouverture en général. Les performances en ce domaine sont plus qu'honorables. A moins de considérer que cela accroît la vulnérabilité vis-à-vis de l'extérieur. Mais cela est une autre histoire.

Les opérateurs du commerce extérieur : des entreprises...

En 1986, 124 000 entreprises exportaient et 168 000 importaient. Depuis 1980, le nombre d'entreprises qui achètent à l'étranger s'est accru de 20 000 tandis que 20 000 de moins vendent à l'étranger. La concentration des exportations, déjà forte, s'est ainsi accrue. Elle tient en partie au développement de la technique de groupage destinée à faciliter les ventes à l'étranger. Les 100 premiers exportateurs réalisent 37,5 % des exportations totales et les 100 premiers importateurs 33,6 %. Les 500 premiers respectivement 59,5 et 51,8 %.

Les entreprises sont souvent à la fois importatrices et exportatrices. Une étude faite par le ministère du Commerce extérieur [1]* montre qu'en 1979, parmi les 30 000 firmes qui réalisaient un montant significatif d'échanges, 8 000 d'entre elles, soit le quart, achetaient et vendaient à l'étranger ; elles réalisaient les quatre cinquièmes des importations et 85 % des exportations. Les petits opérateurs sont en revanche plus souvent importateurs ou exportateurs exclusifs.

Le rôle tenu par les intermédiaires commerciaux masque cependant une partie des phénomènes, d'autant qu'il est dissymétrique. Une entreprise industrielle française vendant à l'étranger exporte, que son client soit l'utilisateur final de son produit ou bien qu'elle vende à son agent commercial. En revanche, la même entreprise utilisant des matériels étrangers les achètera directement au producteur, à une société de commerce international étrangère (dans ces deux cas il s'agira d'une importation) ou à un grossiste en France dont la seule fonction est commerciale et qui est alors

* Les chiffres entre crochets renvoient à la bibliographie en fin d'ouvrage.

l'importateur. Constater ainsi que l'industrie assure les deux tiers des exportations et seulement le tiers des achats n'est donc en rien un témoin de bonne santé de ce secteur. Tout au plus peut-on en conclure une dissymétrie entre les rôles respectifs du commerce à l'importation ou à l'exportation. Certains pays comme le Japon ont développé des sociétés de négoce international par l'intermédiaire desquels transite près de la moitié des exportations. Mais de plus en plus, au Japon comme ailleurs, les entreprises créent leurs propres réseaux commerciaux à l'étranger.

Les grandes entreprises non seulement assurent l'essentiel des exportations, mais surtout sont davantage tournées vers l'étranger. Les plus petites, de moins de 50 salariés, n'exportent que 10 % de leur production et cette part s'élève en même temps que la taille des firmes industrielles pour atteindre 30 % chez celles qui emploient plus de 500 salariés.

... souvent multinationales

Le développement de firmes multinationales conditionne les courants d'échanges. Les grandes entreprises investissent dans plusieurs pays et leurs stratégies d'implantation dépendent de nombreux critères : dans certains cas, en particulier dans les pays à bas salaires, l'objectif est de produire au moindre coût pour vendre ailleurs ; dans d'autres cas, l'objectif est de faciliter l'écoulement des produits sur place ou de contourner des protectionnismes nationaux.

Les flux d'importations et d'exportations sont alors déterminés par les stratégies des firmes : « usines-tournevis » qui ne font qu'assembler des éléments importés, production locale de certains composants ou simple apposition d'une marque nationale à des produits entièrement fabriqués ailleurs (pratique très répandue dans l'habillement), la gamme est étendue et les échanges à l'intérieur d'un même groupe se multiplient.

Cette délocalisation des productions fait qu'à la notion d'échanges extérieurs il est utile de juxtaposer celle de production extérieure incluant les productions réalisées à l'étranger. Tel pays peut en effet voir baisser ses exportations par le simple fait de la délocalisation des productions d'une de ses grandes entreprises. Mais la difficulté de la mesurer fait qu'il faut se limiter à la mentionner en termes qualitatifs ; en effet, s'il est aisé de comptabiliser des flux d'investissement à l'étranger, ceux-ci ne donnent qu'une image partielle du phénomène en négligeant les bénéfices réinvestis qui accroissent au fil des ans le potentiel de production extérieure. Et les enquêtes nationales qui indiquent le nombre d'entreprises sous contrôle étranger butent sur la question des seuils ; un investissement à l'étranger n'est pas toujours l'implantation d'une usine dont le capital est en totalité aux mains d'une même entreprise. Le développement des marchés de capitaux a fait qu'à côté des « investissements directs », les « investissements de portefeuille » se sont étendus ; comment dans ces conditions faire la part des pays, des minorités de contrôle, de la volatilité des stocks d'actions ?

A l'horizon de moyen terme, la question des liens entre exportation et investissement à l'étranger mérite d'être posée car il n'est pas évident qu'un pays dont les entreprises développent les implantations à l'étranger voie baisser ses exportations. C'est bien sûr l'inverse dans le cas d'investissements commerciaux, mais aussi en partie pour certains investissements de production. L'exemple de l'automobile est le plus manifeste : l'implantation des constructeurs américains puis japonais était une condition pour pouvoir vendre en Europe et y exporter certains composants.

Plus généralement, les exportations japonaises ne semblent pas avoir souffert des investissements réalisés à l'étranger. On peut même supposer que les profits réalisés grâce à certaines délocalisations permettent d'investir davantage et donc d'exporter plus à moyen terme.

L'intensité des échanges croisés entre pays et l'interdépendance croissante des économies qui en résulte ne proviennent pas des seules firmes multinationales, mais celles-ci en sont un vecteur important. Le commerce international ne se résume plus à des échanges entre firmes individualisées dans un cadre de libre échange absolu.

En même temps que les plus grandes entreprises développaient des stratégies mondiales d'implantation, les États sont de plus en plus intervenus pour assurer l'équilibre des échanges extérieurs en soutenant les exportations, voire en limitant les importations. A ce titre, ils sont aussi des acteurs du commerce extérieur. Les formes de l'intervention gouvernementale seront décrites plus loin, une fois analysées les principales évolutions des échanges extérieurs français.

2. Les évolutions géographiques et sectorielles depuis 1945 : la difficile adaptation aux chocs externes

Deux chocs externes précèdent les chocs pétroliers : la décolonisation et le Marché commun

Au cours des années cinquante, les échanges extérieurs français sont dominés par les relations avec les pays d'outre-mer. En 1949 la France y écoule 42 % de ses exportations en vertu d'accords de préférence. Ses importations en proviennent à hauteur de 26 % (tableau III). Le protectionnisme mis en place dans les années trente protège l'industrie, après la vague d'importations américaines liées à la reconstruction de l'après-guerre (Plan Marshall). Ce cadre institutionnel est progressivement bouleversé, avec la décolonisation puis la suppression du protectionnisme et l'instauration du libre échange en Europe. Bien qu'étant de nature différente, ces deux événements sont des chocs « externes » pour l'économie. Au lendemain de la Seconde Guerre mondiale, les colonies accèdent progressivement à l'indépendance ; la « zone franc » rassemble des pays indépendants, essentiellement africains, dans une zone monétaire. La Communauté économique européenne est instituée en 1957 et les barrières douanières au commerce de marchandises sont graduellement supprimées pour aboutir en 1968 à la libre circulation.

Parmi les importations, la part des pays européens et de la République fédérale d'Allemagne en particulier s'élève au fur et à mesure que celle des autres pays de l'OCDE recule. Parmi les exportations, 38 % sont dirigées vers les anciennes colonies en 1958, soit 4 points de moins en dix ans ; mais la

Tableau III. — Structure géographique du commerce extérieur

en % du total	*Exportations*						
	1949	*1958*	*1969*	*1973*	*1979*	*1982*	*1987*
OCDE	47,2	53,2	72,7	76,8	72,1	68,5	79,4
dont CEE [1]	33,4	32,0	52,8	60,2	57,5	52,7	60,6
RFA	5,0	5,6	20,4	19,4	17,2	14,8	16,7
Autres OCDE	13,8	21,2	19,9	16,6	14,6	15,8	18,8
Hors OCDE	52,8	46,8	27,3	23,2	27,9	31,5	20,6
dont OPEP	} 47,9	} 43,1	} 22,7	5,1	7,8	11,0	4,0
PVD hors OPEP				14,0	15,5	17,0	13,8
Pays socialistes	4,9	3,7	4,6	4,1	4,6	3,5	2,8
Total	100	100	100	100	100	100	100
dont « zone franc » [2]	41,7	37,5	11,5				
	Importations						
OCDE	55,0	53,2	75,0	76,2	70,8	69,1	81,2
dont CEE [1]	26,3	32,0	55,6	57,3	53,8	51,0	61,2
RFA	4,2	11,8	22,3	22,7	18,0	16,8	19,8
Autres OCDE	28,7	21,2	19,4	18,9	17,0	18,1	20,0
Hors OCDE	45,0	46,8	25,0	23,8	29,2	30,9	18,8
dont OPEP	} 43,0	} 43,5	} 21,7	10,2	15,5	15,9	4,2
PVD hors OPEP				10,5	10,3	10,9	11,1
Pays socialistes	2,0	3,3	3,3	3,1	3,4	4,1	3,5
Total	*100*	*100*	*100*	*100*	*100*	*100*	*100*
dont « zone franc » [2]	26,0	27,6	9,4				

Source : INSEE, Douanes.

1. CEE à 9 jusqu'en 1969 et à 12 à partir de 1973. En 1973, la part de la CEE à 9 était de 55,7 % dans les exportations et 54,5 % dans les importations. Ce regroupement vise à ne pas introduire trop de ruptures de séries en considérant le contenu réel de la CEE. Six pays en faisaient partie en 1957 : la France, la RFA, l'Italie, la Belgique, le Luxembourg et les Pays-Bas. A partir de 1973, la CEE à 9 incluait trois nouveaux pays : le Royaume-Uni, le Danemark et l'Irlande. L'adhésion de la Grèce fut effective à partir de 1981. L'Espagne et le Portugal ayant rejoint la CEE à partir de 1986, celle-ci comporte actuellement 12 pays.

2. La « zone franc » désigne ici les pays d'Afrique noire issus de l'ancienne Union française et les pays d'Afrique du Nord. Son champ est donc plus étendu que celui de la zone monétaire. Les modifications de définitions apportées par les Douanes à partir de 1973 introduisent une rupture de série à partir de cette date.

part des pays européens est stable alors qu'elle s'élève déjà du côté des importations.

C'est au cours des années soixante que les transformations vont s'accélérer. Dans les anciennes colonies, les marchés autrefois protégés s'ouvrent à la concurrence des autres pays industrialisés. En 1969, seulement 11 % des ventes leur sont destinées et cette part va par la suite se restreindre au fil des ans. La part de marché de la France y est de 50 % en 1970 et de 45 % en 1973, au lieu de 75 % au début des années soixante. L'Algérie absorbait 17 % des exportations françaises en 1958 et 3 % seulement en 1969. L'accès privilégié aux matières premières disparaît en même temps.

Le Marché commun provoque, dans ce cadre, une réorientation géographique des échanges en même temps qu'une recomposition par produit. En dix ans la part de la CEE dans les exportations passe de 32 à 53 % et celle de la République fédérale d'Allemagne de moins de 6 % à plus de 20 %. Parmi les importations, la part de la CEE progresse de 32 à près de 56 % et celle de la seule République fédérale d'Allemagne double pour atteindre 22 %. Les producteurs européens ont trouvé en France un marché dont la croissance était plus rapide et plus régulière qu'ailleurs.

La composition par produit en est le corollaire (tableau IV). La part tenue dans les importations par les matières premières et les demi-produits industriels stagne et celles de l'agriculture et de l'énergie reculent. En revanche, la part des produits industriels élaborés s'accroît. Le taux de pénétration des importations sur le marché intérieur s'élève fortement dans l'industrie puisqu'il passe de 8,6 % en 1959 à 18,4 % en 1968 aux prix courants. Les faibles modifications de prix relatifs selon les produits font que ces évolutions sont vraies aussi en francs constants. La croissance des exportations industrielles est moins nette : certes, la part de l'industrie s'élève, mais tandis que les achats à l'étranger s'accroissent en volume de 17,6 % par an en moyenne, les ventes ne progressent que de 9,2 %. De ce fait, l'effort à l'exportation s'intensifie mais nettement moins vite que la pénétration du marché intérieur. Ces évolutions dans l'industrie expliquent celles de l'ensemble des marchandises. Dans les années cinquante, la croissance intérieure était en moyenne de 5 % l'an, les importations progressaient au même rythme alors que les exportations se développaient plus rapidement. Dans les années soixante au contraire, la croissance atteint près de 6 % l'an et les importations progressent de près du double. Aussi, le taux de couverture des échanges se dégrade fortement, tout particulièrement vis-à-vis de la CEE où il passe de 101 % en 1959 à 82 % en 1969.

TABLEAU IV. — COMPOSITION PAR PRODUITS DU COMMERCE EXTÉRIEUR

en % du total	*Exportations*						
	1949	*1959*	*1969*	*1973*	*1979*	*1982*	*1987*
Agriculture	6,8	5,2	9,7	9,5	6,9	7,4	8,1
Industrie agricole et alimentaire	11,7	9,2	8,9	10,0	8,7	9,3	8,6
Énergie	4,3	4,5	2,6	2,0	3,4	3,8	2,1
Industrie [1] dont	77,2	81,1	78,8	78,5	81,0	79,5	81,2
• matières premières et demi-produits		30,4	27,8	26,2	26,7	26,4	25,9
• produits élaborés		50,7	51,0	52,3	54,3	53,1	55,3
Total	*100*	*100*	*100*	*100*	*100*	*100*	*100*
	Importations						
Agriculture	16,7	26,4	10,9	8,9	6,5	5,3	5,0
Industrie agricole et alimentaire	16,6	10,1	7,9	8,7	7,5	6,7	7,5
Énergie	21,3	21,0	11,8	12,1	21,3	26,4	10,6
Industrie [1] dont	45,4	42,5	69,4	70,3	64,7	61,6	76,9
• matières premières et demi-produits		23,1	30,0	29,7	26,0	22,3	26,0
• produits élaborés		19,4	39,4	40,6	38,7	39,3	50,9
Total	*100*	*100*	*100*	*100*	*100*	*100*	*100*

Sources : INSEE, Douanes.
1. Y compris matériel militaire.

Le bilan qu'on peut tirer de cette période doit cependant être nuancé. L'économie française a dû s'adapter à un double changement institutionnel dans son insertion internationale. La levée de protections étanches l'a rendue perméable à la concurrence de pays industrialisés, ce qui, de longue date, ne s'était plus produit. L'adaptation à une nouvelle donne internationale s'est réalisée rapidement, ce qui ne fut pas toujours le cas ultérieurement. L'avantage compétitif des dévaluations de 1957-1958 y a contribué. Plutôt spécialisée en produits agricoles, en industries de biens intermédiaires et de biens de consommation, la France était relativement mal placée pour les biens d'équipement alors que ceux-ci constituaient une composante essentielle de la croissance du commerce mondial. Un réel effort a été entrepris à l'exportation, semble-t-il plus important que celui réalisé par les pays concurrents d'Europe. La seule dégradation du taux de couverture de ce secteur rend insuffisamment compte de ce phénomène [2].

A la veille du premier choc pétrolier

A la veille du choc pétrolier de 1973, le taux de couverture des échanges extérieurs s'est nettement amélioré (tableau V). Les volumes d'exportation ont fortement progressé de 1969 à 1973 et ont même dépassé la croissance du volume des importations, grâce à l'accélération du commerce mondial et à l'avantage compétitif qu'a procuré la dévaluation de 1969. Les prix des ventes à l'étranger s'élèvent davantage que les prix des achats et l'équilibre commercial est restauré. La structure géographique des échanges a continué à se déformer et montre une nette polarisation vers les pays développés : la part de l'OCDE atteint 77 % des exportations et 76 % des importations en 1973. Le développement des exportations vers la CEE s'accompagne d'une amélioration du taux de couverture avec cette zone, qui fonde l'essentiel de l'amélioration globale. Le redressement des échanges avec le reste de l'OCDE se poursuit, mais plus lentement ; tandis que le taux de couverture passe de 83 à 97 % entre 1969 et 1973 avec la CEE, il passe de 89 à 96 % avec le reste de l'OCDE. L'équilibre commercial avec les pays industrialisés est donc quasi restauré à la veille du choc pétrolier. Le retrait progressif des pays de l'ancien empire se fait au profit des autres pays en développement qui deviennent fournisseurs de pétrole et de matières premières. Le déficit global avec cette zone est important, malgré un important excédent industriel.

Tableau V. — Taux de couverture [1] des échanges extérieurs en 1973

en %	*CEE à 9*	*Reste de l'OCDE*	*Pays socialistes*	*PVD*	*Monde*
Ensemble des produits	97,3	95,8	123,5	89,2	96,1
Industrie	82,3	100,8	193,6	346,9	106

Sources: Douanes. *La Crise du système productif*, INSEE, 1981.

1. Rapport des exportations FAB aux importations CAF.

Cette réorientation géographique des échanges s'est accompagnée d'une transformation de l'appareil productif. Le Ve Plan (1966-1970) avait pour objectif une meilleure insertion internationale de l'industrie. Le développement de grands groupes, la mobilisation de l'épargne au profit de l'industrie en sont des concrétisations. En 1973, les produits industriels dominent les exportations et les importations. Mais l'évolution des branches industrielles n'est pas homogène. Le développement rapide de la consommation des ménages va de pair avec l'apparition de nouveaux produits (« la société de consommation »). La position des firmes dépend de la capacité à suivre ce mouvement ; si l'automobile reste un point fort des échanges extérieurs avec un taux de couverture de 200 % en 1973, les importations de biens d'équipement ménager dépassent largement les exportations, et le taux de couverture n'y atteint que 50 %. Les branches de biens de consommation courante [1] dégagent encore des excédents en 1973 mais leur déclin s'est déjà amorcé ; leurs excédents ont fondu comme neige au soleil en quinze ans : le taux de couverture atteignait 400 % en 1959 et 130 % en 1973. Dans les branches de biens d'équipement, les échanges croisés se sont intensifiés. Dans les branches de biens intermédiaires [2] enfin, où le poids des importations est nécessai-

1. Textile-habillement, cuir-chaussures, bois-meuble, parachimie-pharmacie, presse-édition.

2. Métallurgie, chimie, verre, papier-carton, caoutchouc-matières plastiques.

rement élevé du fait de non-disponibilités en matières premières industrielles, la dégradation a été brutale. Finalement, la France apparaît en 1973 comme un pays agricole et exportateur net de biens de consommation vis-à-vis des pays industrialisés. Mais elle est dépendante de ces pays pour les biens d'équipement. Vis-à-vis des pays en voie de développement, la dépendance pour les matières premières est en partie compensée par l'adaptation à leur volonté de s'industrialiser : les exportations de biens d'équipement s'y développent.

Du choc pétrolier au contre-choc

La brusque montée du prix du pétrole en 1973 a conduit à élever la part de l'énergie dans les importations et à réduire en conséquence celle de l'industrie bien que les échanges de produits manufacturés aient continué de se développer. Le second choc pétrolier de 1979-1980 a renforcé cette tendance (tableau IV). Ainsi, le poids des pays non membres de l'OCDE dans les importations s'est accru après 1973, restant toutefois bien inférieur à ce qu'il était dans les années cinquante avant que ne se développe le commerce entre pays industrialisés, en particulier à l'intérieur de l'Europe.

Les ressources nées des recettes pétrolières pour les pays producteurs ont constitué un marché potentiel pour les pays industrialisés producteurs de biens industriels. La France en a largement bénéficié, en écoulant vers les pays en développement 28 % de ses exportations en 1982 au lieu de 19 % à la veille du premier choc pétrolier (tableau III). Bien que ce pourcentage soit très éloigné de ceux des années cinquante quand la zone franc constituait un marché privilégié, il concrétise une politique volontariste d'orientation des exportations vers les pays dont le pouvoir d'achat s'était accru.

Les deux chocs pétroliers ont cependant constitué pour la France, comme pour tous les pays industrialisés, un prélèvement extérieur important, en élevant la part du revenu national consacrée aux importations d'énergie. Il le fut d'autant plus pour la France que son industrie était moins puissante qu'en d'autres pays. Durant les années soixante et au début des années soixante-dix, les échanges extérieurs de marchan-

GRAPHIQUE 3. — TAUX DE COUVERTURE DES ÉCHANGES DE MARCHANDISES [1]

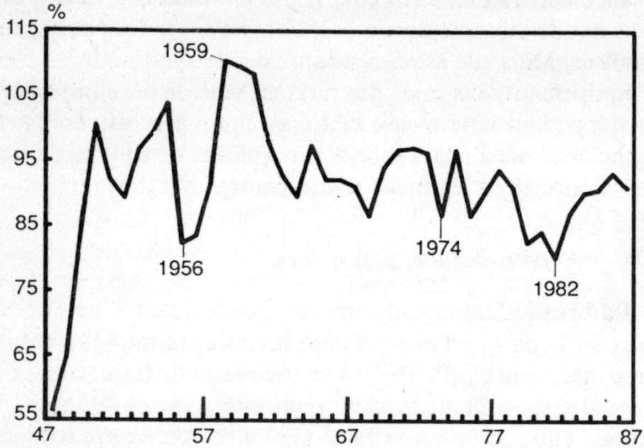

Sources : Douanes.

1. Rapport des exportations FAB aux importations CAF, hors matériel militaire. L'équilibre commercial FAB/FAB se situe aux alentours d'un taux de couverture FAB/CAF de 93 % dans les années cinquante et soixante ; 95 % dans les années soixante-dix et 97 % dans les années quatre-vingt.

dises étaient en règle générale excédentaires en France. Les déficits, rares et de faible ampleur, étaient perçus comme des accidents conjoncturels (graphique 3). La hausse des prix de l'énergie a bouleversé cette vision : l'équilibre a semblé hors d'atteinte avec une facture énergétique de l'ordre de 180 milliards de francs. L'extérieur est ainsi devenu une contrainte et la recherche de l'équilibre un objectif.

Le contre-choc pétrolier du début de 1986 a formellement ramené l'économie française à sa situation de 1973, du point de vue de la structure géographique et sectorielle de ses échanges extérieurs. La manne pétrolière, à l'inverse d'un prélèvement extérieur, avait permis d'espérer un surcroît de croissance et un retour durable à l'équilibre commercial, voire à l'excédent. Ces espoirs ont été déçus : le simple équilibre FAB/FAB en 1986 a fait place à un déficit d'une trentaine de milliards de francs en 1987.

Ce rapide survol des évolutions depuis la Seconde Guerre mondiale montre comment l'économie française a réagi aux chocs externes auquels elle a été confrontée : le retrait des colonies, qui constituaient un marché captif pour les exportations, et la levée des barrières douanières au sein de l'Europe ont conduit à une nette polarisation des échanges avec les pays développés. La structure des échanges par produits a dû s'adapter à cette nouvelle donne internationale, mais le commerce industriel a témoigné, déjà, de quelques handicaps vis-à-vis des pays industrialisés. Les exportations vers les pays en développement se sont de nouveau développées rapidement quand les ressources des pays producteurs de pétrole se sont accrues. Les deux chocs pétroliers ont ainsi renforcé un mode d'insertion de la France dans le commerce mondial dont les prémices existaient antérieurement. Une analyse plus détaillée de son insertion depuis 1973 est nécessaire ; elle s'appuie cette fois sur l'analyse des échanges par produits et privilégie l'étude de l'industrie.

II / Les faiblesses structurelles des échanges extérieurs depuis 1973

La difficulté de restaurer l'équilibre commercial a été permanente depuis 1973. Pourtant, les performances de l'agriculture se sont régulièrement améliorées. L'industrie, bien que plus sensible aux fluctuations conjoncturelles, a dégagé des excédents jusqu'en 1986, qui ont permis de compenser partiellement le déficit énergétique. Mais s'étant accrus grâce aux marchés des pays en développement, ces excédents se sont comprimés puis ont disparu quand les ressources de ces pays se sont taries.

C'est ce qui caractérise en tout premier lieu les échanges extérieurs français ; les évolutions par grands groupes de produits ne sont pas indépendantes les unes des autres. La symétrie du déficit énergétique et de l'excédent industriel se vérifie dans ses tendances comme dans ses points extrêmes (graphique 4). Elle tient à l'orientation géographique des échanges et de la politique menée pour promouvoir les exportations et elle résulte de la structure de l'appareil productif.

1. L'agriculture : amélioration des performances

La spécialisation qui, dans les années cinquante et soixante, faisait de la France un pays déficitaire en produits agricoles et excédentaires en produits industriels a disparu à

GRAPHIQUE 4. — SOLDES COMMERCIAUX FAB/CAF

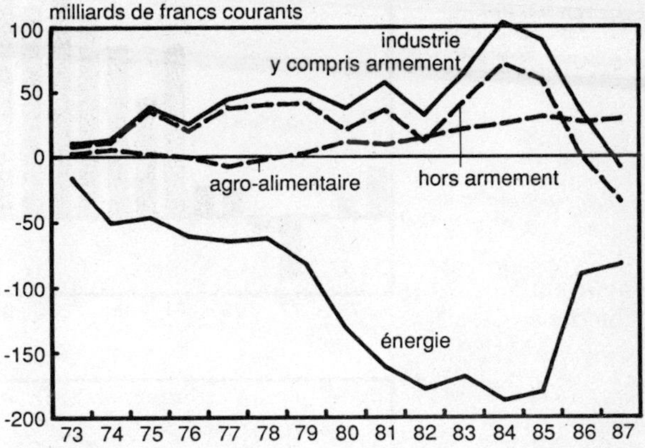

Source : Douanes.

la veille du premier choc pétrolier. L'ouverture des marchés européens a stimulé la production grâce aux gains de productivité dus à la rationalisation et à la modernisation des exploitations. Un surplus exportable de plus en plus important a été dégagé, en particulier pour les céréales. En 1973, la contrainte extérieure agricole est levée. Le taux de couverture atteint 104 % contre 21 % en 1959. Les industries agro-alimentaires ont aussi bénéficié de cette amélioration quoique moins nettement : leur taux de couverture atteint 113 % en 1973 au lieu de 98 % en 1959.

Ces tendances vont se prolonger entre 1973 et 1987, mis à part une courte période. De 1973 à 1977 en effet, dans un contexte de ralentissement de la progression de la demande alimentaire, les exportations ont été beaucoup plus touchées que les importations. La rationalisation des productions dans les autres pays européens et les distorsions de la concurrence au sein de la politique agricole commune ont conduit à une stagnation de l'excédent vis-à-vis de la CEE tandis que les importations des produits de base s'élevaient fortement. Depuis 1978, une très nette amélioration s'est produite. Elle aboutit à un excédent de 30 milliards de francs en 1987,

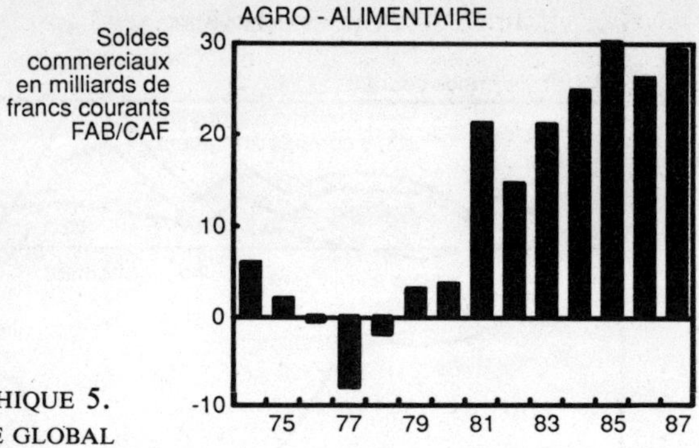

GRAPHIQUE 5.
SOLDE GLOBAL

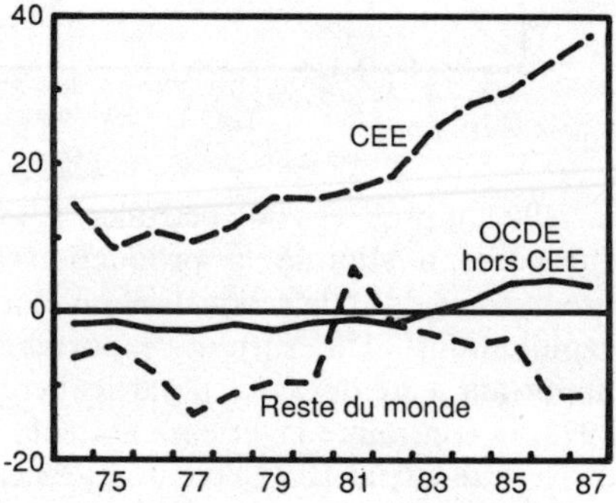

GRAPHIQUE 6.
SOLDE PAR ZONES

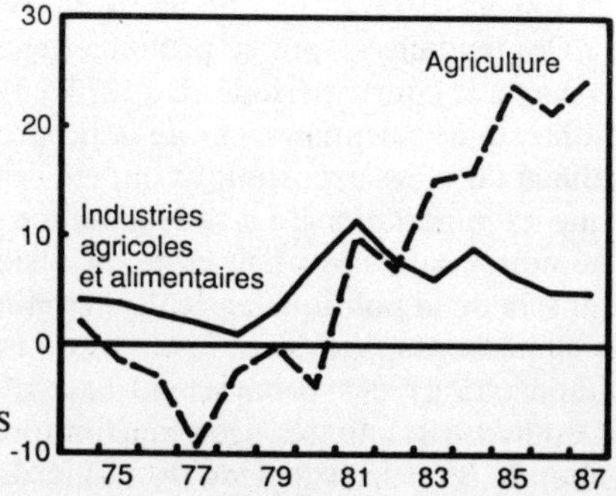

GRAPHIQUE 7.
SOLDE PAR PRODUITS
Source: Douanes.

malgré la baisse du dollar depuis 1985 qui rend les produits américains plus compétitifs sur le marché mondial (en particulier les céréales). Les principales caractéristiques du commerce agro-alimentaire peuvent être résumées de la manière suivante.

• L'excédent est essentiellement communautaire. La part de la CEE dans les exportations agricoles atteint 72 % en 1987 au lieu de 60 % pour l'ensemble des exportations de marchandises. En 1974, 67 % des exportations étaient dirigées vers la CEE ; la concentration géographique des ventes s'est donc accentuée. L'excédent dégagé vis-à-vis de la CEE s'est amplifié depuis 1978 et fonde l'essentiel de l'amélioration globale (graphiques 5 et 6). De 9 milliards en 1977, il est passé à 37 millards en 1987. En revanche, le déficit vis-à-vis des pays en développement s'est creusé, le repli des exportations vers les pays pétroliers s'étant dans la période récente combiné avec la hausse des prix des produits tropicaux importés. Et l'excédent dégagé en direction des pays socialistes a disparu en 1987 quand les exportations de céréales vers l'Union soviétique ont fléchi du fait de la concurrence américaine.

• L'excédent concerne de moins en moins des produits élaborés. En 1974, les deux tiers de l'excédent agricole étaient obtenus grâce aux industries agro-alimentaires, qui n'en assurent plus que 28 % en 1987 (graphique 7). Les bonnes performances de l'agriculture l'expliquent en partie. Par exemple, la France est le troisième exportateur mondial de céréales, derrière les États-Unis et le Canada. Mais c'est aussi dû au fait que l'excédent des industries agro-alimentaires stagne depuis 1981 ; le surplus de 3 milliards de francs vis-à-vis de la CEE a laissé place à un simple équilibre en 1986-1987. Les difficultés relèvent de celles de l'industrie en général.

• Les conditions de la concurrence dans l'agriculture dépendent de la politique communautaire. La France occupe une place privilégiée au sein de la CEE : les autres grands pays n'atteignent pas l'autosuffisance pour de nombreux produits et dégagent d'importants déficits extérieurs ; c'est le cas de la République fédérale d'Allemagne, de l'Italie et du Royaume-Uni. La politique agricole commune mise en place au début des années soixante-dix est fondée sur un triple objectif : la préférence communautaire, l'existence de prix uniques permettant la libre circulation des produits et la solidarité financière des États pour son financement. Des prix de soutien sont fixés à l'intérieur de la Communauté ; l'achat des quantités excédentaires et leur stockage par les organismes communautaires en sont la contrepartie. Pour maintenir des prix uniques en cas de réaménagement monétaire, des « montants compensatoires monétaires » ont été mis en place : dans le cas d'une dévaluation, les importations sont subventionnées et les exportations taxées ; dans le cas d'une réévaluation, c'est l'inverse. Les changements de parités des monnaies sont donc sans influence sur la compétitivité des produits agricoles à l'intérieur de la Communauté. Vis-à-vis des pays extérieurs, des subventions à l'exportation permettent d'écouler les productions européennes alors que les prix mondiaux sont inférieurs aux prix européens, et des taxes à l'importation relèvent les prix des produits importés. Pour certains produits dont les excédents de production sont massifs (les produits laitiers par exemple), des quotas ont été instaurés. Les conditions de la concurrence intra- et extra-communautaires dépendent donc de plus en plus de la politique de la CEE.

2. La facture énergétique : les aléas du prix du pétrole

La facture énergétique est passée de 16,6 milliards de francs en 1973 (1,5 % du PIB) à 187 milliards en 1985, son point extrême (4 % du PIB). En 1987, elle est revenue à 82 milliards de francs (1,6 % du PIB). La part de l'énergie dans le total des importations de marchandises n'atteint ainsi que 10 % en 1987, soit moins qu'en 1973 (12,1 %), après être passée par un maximum en 1984 (23,8 %). Les évolutions des prix et des volumes ont divergé : face à la montée des prix du pétrole, les volumes d'importation ont été réduits, mais bien sûr dans une plus faible proportion.

Les prix du pétrole en francs ont été multipliés par seize de 1973 à 1984

En 1973, une tonne de pétrole brut importée par la France valait 26,9 dollars, soit 120 francs[1]. En 1974, la tonne valait 377 francs, soit une hausse de 215 % (graphique 8). La légère progression du prix courant de 1974 à 1977, en dollars comme en francs, correspond en fait à un recul de 8 % du pouvoir d'achat des pays pétroliers si on exprime celui-ci comme la quantité de produits manufacturés que ces pays peuvent acheter sur le marché mondial avec une tonne de pétrole. Le second choc pétrolier en 1979-1980 conduit à un doublement des prix, qui continuent à s'élever jusqu'en 1982 en dollars. Mais la baisse des cours mondiaux de 1982 à 1984 ne se répercute pas sur les coûts d'importation en francs du fait de la hausse importante de la monnaie américaine jusqu'au printemps 1985. Avec le contre-choc pétrolier de 1986, amplifié pour la France par la poursuite de la baisse du dollar, le coût moyen d'une tonne de pétrole brut importé revient en 1987 à 799,3 francs. Son prix a ainsi été multiplié par 6,7 entre 1973 et 1987, tandis que le prix du PIB a été multiplié par 4,3 ; le prix du pétrole a donc progressé en moyenne annuelle de 3,5 % de plus que le prix de l'activité intérieure au cours de ces quatorze années. Pour les pays producteurs de pétrole, le pouvoir d'achat en produits manufacturés est revenu en 1987 à son niveau de 1974.

La facture énergétique française a suivi l'évolution du prix du pétrole, qui constitue l'essentiel des importations ; les prix des produits pétroliers raffinés et du gaz suivent (avec quelques trimestres de décalage pour le gaz) le prix du pétrole brut.

Un repli de la consommation unitaire et du volume des importations

En réaction aux chocs pétroliers, le volume des importations a été fortement réduit, de 20 % entre 1973 et 1987.

1. Le coût d'importation en dollars ne correspond pas nécessairement au coût moyen mondial du fait de la structure d'approvisionnement. D'autre part, le prix du pétrole est souvent exprimé en dollar par baril. Une tonne = 7,4 barils.

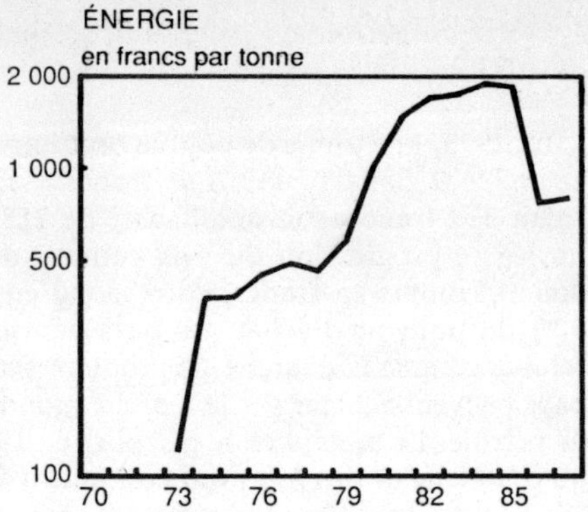

GRAPHIQUE 8.
PRIX DU PÉTROLE IMPORTÉ PAR LA FRANCE

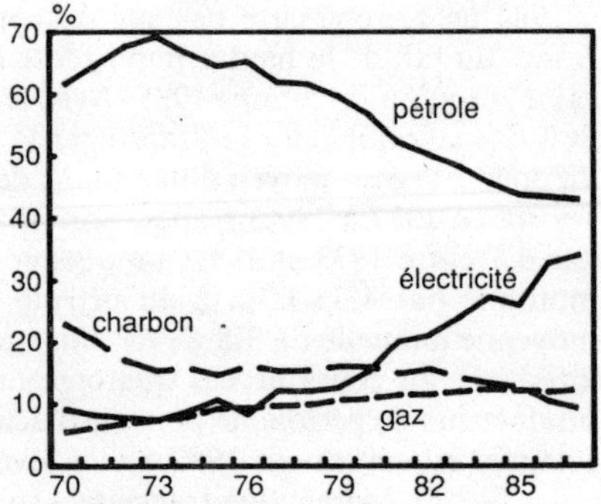

GRAPHIQUE 9.
PART DE CHAQUE ÉNERGIE DANS LA CONSOMMATION TOTALE D'ÉNERGIE PRIMAIRE

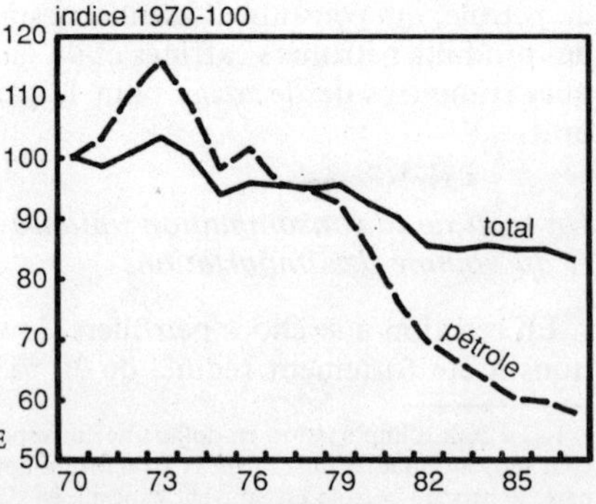

GRAPHIQUE 10.
CONSOMMATION D'ÉNERGIE PRIMAIRE RAPPORTÉE AU PIB

Sources : Observatoire de l'énergie, Comité Professionnel du pétrole, INSEE.

Cela a été obtenu grâce à la réduction de la consommation globale par unité produite et à la substitution d'autres énergies au pétrole. La consommation d'énergie primaire [2] a peu progressé, de 0,6 % seulement en moyenne annuelle depuis le premier choc pétrolier. Rapportée au PIB, elle a fléchi de 20 % entre 1973 et 1987 (graphique 9). Ce recul s'est trouvé concentré dans les premières années qui ont suivi chacun des deux chocs pétroliers. La demande d'énergie a alors été comprimée au-delà du ralentissement d'activité, du fait de la politique d'économie d'énergie entreprise auprès de tous les utilisateurs et en particulier d'une régression substantielle de la part des secteurs gros consommateurs. La substitution entre sources d'énergie a répondu à l'évolution des prix relatifs (graphique 10). Le développement du programme nucléaire a permis que la part de l'électricité passe de 7,3 % de la consommation totale en 1973 à 34 % en 1987, celle du pétrole régressant de 69,2 à 42,8 %. La production d'électricité d'origine nucléaire est passée de 3,3 millions de TEP (tonnes équivalent pétrole) en 1973 à 58,6 millions en 1987, soit une hausse de 23 % par an en moyenne. Se substituant à d'autres productions (charbon et gaz), elle a aussi fondé la croissance de la production nationale d'énergie primaire, qui a atteint 6 % par an au cours de cette période. Le taux d'indépendance énergétique (rapport de la production nationale à la consommation totale) a progressé régulièrement, pour atteindre 47,3 % en 1987 au lieu de 22,5 % en 1973. Ce taux était de 59 % en 1960 et 50 % en 1965, avant que le pétrole et le gaz ne se substituent progressivement au charbon.

Une réorientation géographique des importations

La part des pays en développement producteurs de pétrole dans l'approvisionnement énergétique français s'est progressivement réduite puisqu'elle est passée de 84 % en 1974 à

2. Elle comprend la consommation finale totale livrée aux consommateurs et aux industriels et la consommation interne de la branche énergie (consommation de fuel pour produire de l'électricité par exemple).

42 % en 1987, toutes énergies confondues. L'OPEP, dont le champ est plus restreint, ne fournit plus que 36 % des importations au lieu de 82 % en 1974. L'Europe et les pays de l'Est sont en revanche devenus des fournisseurs importants : l'Europe assure, en 1987, 30 % de l'approvisionnement énergétique contre 6 % en 1974. Le Royaume-Uni est le premier fournisseur de pétrole brut (20 % du total), devant l'Arabie Saoudite (10 %) et l'Irak (10 %). L'Union soviétique est le deuxième fournisseur de gaz naturel et vend à la France presque autant que l'Algérie (respectivement 30 et 35 %) ; la Norvège, en troisième position (avec 20 % du total), verra sa contribution s'accroître au cours des prochaines années.

3. L'industrie : les avantages et les coûts de l'orientation des exportations vers les pays pétroliers

Une orientation volontariste des exportations vers les pays pétroliers après 1973

L'excédent industriel avec les pays en développement n'a cessé de s'amplifier : de 29 milliards en 1974, il passe à 128 milliards en 1984. Il résulte à la fois de la croissance de la capacité d'importation de cette zone et d'une politique française active de réorientation des exportations. Cette politique avait été clairement formulée lors de l'élaboration du VIIe Plan (1976-1980) [3] et on peut s'y reporter pour comprendre le présent à la lumière des choix passés.

L'application de cette politique a revêtu de multiples formes : développement de garanties COFACE (Compagnie française d'assurance pour le commerce extérieur), des crédits commerciaux, des grands contrats. Le commerce s'est ainsi orienté vers l'exportation de complexes industriels et d'usines clés en main associant ingénierie et biens d'équipement pour laquelle la signature d'accords bilatéraux avec les pays clients revêtait une grande importance. Les relations diplomatiques et les négociations sur les conditions financières déterminaient peu ou prou l'obtention de marchés pour lesquels les pays industrialisés détenaient des compétences techniques similaires.

Le commerce de grands contrats civils

Les « grands contrats civils de biens d'équipement » concernent plusieurs types de travaux : des complexes industriels, c'est-à-dire la construction d'usines clés en main, des complexes énergétiques (terminaux pétroliers, oléoducs et gazoducs), des infrastructures d'aménagement du territoire (routes, ports, lignes ferroviaires, réseaux de distribution d'eau...), la vente de matériel ferroviaire (en particulier les métros) et la construction aéronautique et ferroviaire.

TABLEAU VI. — CONTRATS CIVILS DE BIENS D'ÉQUIPEMENT
(Moyenne annuelle en milliards de francs courants)

	1974-1978	*1979-1982*	*1983-1987*
Complexes industriels	12,6	10,4	5
Complexes énergétiques	8,5	9,2	8,9
Aménagement du territoire	9,0	26,5	15,0
Construction navale et aéronautique	3,7	9,8	19,3
Biens d'équipement individualisés	10,2	22,3	17,4
Pays industrialisés	8,1	9,8	19,3
Pays à économie centralisée	8,0	8,0	7,5
PVD	27,9	60,4	38,8
Total	*44*	*78,2*	*65,6*

Sources : COFACE, DREE.

Le montant des contrats signés par la France était relativement faible avant le premier choc pétrolier ; de 18 milliards en 1973, ils s'élèvent à 48 milliards en 1974 puis se stabilisent autour de 43 milliards jusqu'en 1979 [3]. Le second

3. Les montants concernent la « part française transférable », c'est-à-dire la part des contrats exécutés par les entreprises françaises dont le montant en devises est librement rapatriable.

choc pétrolier provoque une envolée des commandes qui atteignent 94 milliards en 1982. Les pays en développement (qu'ils soient ou non producteurs de pétrole) sont à l'origine de cette forte croissance en renforçant surtout leurs infrastructures des transports (tableau VI). Le métro français est légendaire et les entreprises du bâtiment et des travaux publics ont construit leur puissance sur le développement de ces marchés étrangers.

En 1983, le montant total des grands contrats est réduit de 40 %. La légère reprise des années récentes n'est due qu'aux commandes d'avions, en particulier d'Airbus, passées par les pays industrialisés ; ainsi en 1987 l'aéronautique assurait 47 % du montant total des commandes. La crise de la dette des PVD puis la chute des cours du pétrole et des matières premières ont comprimé le marché mondial des grands contrats. Au Proche- et Moyen-Orient, les commandes globales ont diminué de moitié depuis 1985. Dans ce contexte, la concurrence s'est exacerbée, sur les prix comme sur les financements. La baisse du dollar favorise les entreprises américaines en particulier dans les projets de haute technologie et certains secteurs souffrent de la concurrence des pays à bas salaires (construction navale). Les financements deviennent de plus en plus sophistiqués ; pour pallier l'insuffisante solvabilité des pays endettés et obtenir qu'ils passent encore commande, se développe la vieille recette de la concession de service public : l'entreprise construit l'infrastructure, la gère pendant quelques années en en touchant les revenus, puis la transfère à l'État qui l'a commandée. Les professionnels conseillent alors de pratiquer l'opération en doublon : faire par exemple deux ponts successivement pour que les revenus de l'infrastructure en service finance la seconde opération. Ils conseillent aussi de... bien étudier la rentabilité à long terme du projet, comme si les projets antérieurement suggérés par les entreprises s'en préoccupaient moins. Des techniques de financement par leasing se diffusent également. Mais l'appel aux concours publics reste la règle : aides de la Banque mondiale qui finance une partie du projet, aides au développement du gouvernement français, assurances de la COFACE et bonifications des taux d'intérêt des crédits par l'État pour offrir des conditions attractives. Le financement bancaire sans intervention des pouvoirs publics est quasi inexistant pour les PVD. La concurrence accrue fait regretter aux entreprises le temps où les accords d'État à État assuraient une préférence nationale pour les fournisseurs des divers équipements et services. Au marché des nouveaux contrats, dont les montants unitaires diminuent, se substitue de plus en plus le marché de la maintenance des installations construites à la charnière des années soxiante-dix et quatre-vingt.

Le poids des armes, le choc des milliards

Les exportations d'armes ont fortement progressé en quinze ans, assurant un excédent croissant du fait de très faibles importations. Cet excédent a atteint 34 milliards en 1986, au lieu d'une dizaine de milliards en 1978-1979 et de 2 milliards en 1973-1974. La France est devenue le troisième exportateur avec 13 % du marché mondial, après les États-Unis et l'Union soviétique.

L'amplification de l'excédent avait partiellement atténué la dégradation du solde industriel civil depuis 1984. Mais depuis 1987 les exportateurs d'armes subissent les contrecoups de la chute, amorcée en 1985, des commandes en provenance des pays en développement, les principaux clients. Leurs moindres recettes, une concurrence accrue de certains pays (États-Unis, Brésil, Israël) et l'exigence de quelques clients de fabriquer dans leur propre pays les produits auparavant importés limitent durablement les débouchés. Il reste cependant qu'en 1987 le solde militaire est positif de 26,4 milliards, le solde industriel civil tous produits réunis négatif de 36,7 milliards...

Les avantages et les coûts de cette orientation géographique

L'efficacité des orientations définies dans le VIIe Plan est manifeste. L'excédent industriel avec l'OPEP et plus généralement avec les pays en développement s'est fortement amplifié. Les exportations de services, sous forme de recettes d'ingénierie, y sont passées de 3 milliards en 1973 à 28 milliards en 1984. Lorsque l'endettement des pays pétroliers les a contraints à réduire leurs importations, les exportations françaises ont mieux résisté que celles des autres concurrents industrialisés du fait des commandes engrangées dans le passé. Mais ce délai passé, la chute des exportations était inévitable et s'est précipitée avec l'effondrement des prix du pétrole en 1986. Elle s'est alors combinée avec la dégradation à long terme des échanges avec l'OCDE.

GRAPHIQUE 11. — SOLDE INDUSTRIEL PAR ZONES (1)

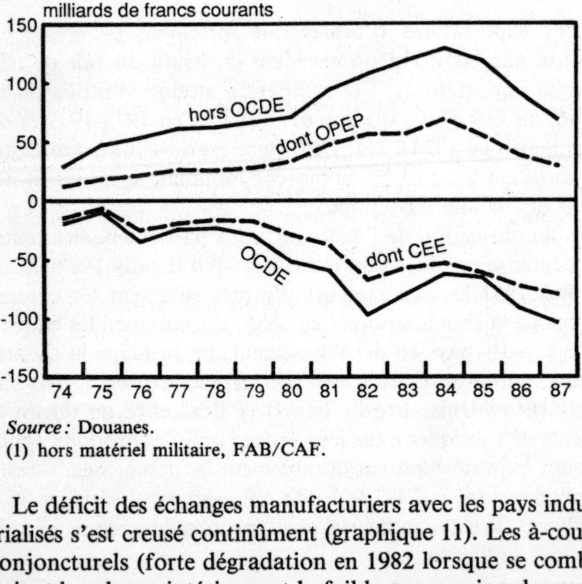

Source : Douanes.
(1) hors matériel militaire, FAB/CAF.

Le déficit des échanges manufacturiers avec les pays industrialisés s'est creusé continûment (graphique 11). Les à-coups conjoncturels (forte dégradation en 1982 lorsque se combinaient la relance intérieure et la faible progression des marchés mondiaux, amélioration en 1983-1984 lorsque la rigueur interne comprimait les importations et que les exportations étaient portées par la reprise du commerce mondial) n'ont constitué que des écarts passagers à la tendance de long terme. Les exportations de la France vers cette zone progressent moins vite que ses achats. Le commerce courant en direction de l'OCDE dépend avant tout des compétitivités comparées des entreprises. L'orientation volontariste vers les marchés pétroliers a ainsi eu un résultat plus tangible que la volonté d'une réorientation vers les pays industrialisés (en premier lieu les États-Unis) à partir de 1984.

Il faut cependant être prudent dans la critique des orientations de la décennie passée. Conçue pour combler une partie du déficit énergétique, elle a effectivement porté ses fruits. Symétriquement, la politique d'indépendance énergétique ne peut effectivement pas être condamnée du simple fait que la France a, moins que ses partenaires, bénéficié du contre-choc pétrolier, ayant davantage réduit le volume de ses importations au cours des années qui l'ont précédé.

Les risques étaient pourtant importants. Ceux d'abord d'accumuler des créances à long terme sur des pays qui, s'ils disposaient de ressources importantes, se sont néanmoins progressivement endettés. D'autant que la politique des grands contrats d'équipement n'a pas concerné que les pays pétroliers mais l'ensemble des pays en développement. A mi-parcours du VIIe Plan, le bilan tiré des premières réalisations était remarquable par sa clairvoyance [3] :

« D'un point de vue plus général, les conditions qui ont permis l'excédent massif enregistré par la France sur les pays non pétroliers en développement montre bien les limites du succès que constitue la restauration de son équilibre extérieur : cet excédent repose principalement sur le progrès vif de nos ventes de biens d'équipement ; or, ces ventes s'appuient sur une très forte augmentation des crédits commerciaux, laquelle compense, en termes comptables, les emprunts que la France a dû émettre sur le marché international pour financer ses déficits, notamment en 1974 et 1976. Ainsi, nous avons transformé notre "facture pétrolière" en un ensemble de créances sur ces pays du tiers monde. D'un côté, il en résulte que l'endettement net de la France est demeuré quasi nul ; de l'autre, ce mécanisme triangulaire la rend créancière d'un groupe d'États dont la capacité d'endettement n'est pas illimitée. »

Au-delà des contraintes de financement, on peut aussi se demander si, en privilégiant l'efficacité à court terme, l'orientation des exportations vers les pays en développement n'a pas retardé la restructuration industrielle nécessaire pour affronter la concurrence des pays industrialisés sur leurs marchés. Le type d'insertion internationale de la France à la veille du premier choc pétrolier s'est trouvé renforcé.

L'apparition d'un déficit industriel en 1987, conséquence de pertes de parts de marchés à l'exportation tandis que la pénétration des importations sur le marché intérieur continuait de s'élever, en a été la conséquence majeure.

Les parts de marché à l'exportation ont fléchi depuis le début des années quatre-vingt

Les contre-performances françaises ne datent pas d'hier ; depuis plusieurs années déjà, les exportations en volume progressent moins que les marchés extérieurs. La part de la France s'était accrue jusqu'à la fin des années soixante-dix, alors que celle des grands pays de l'OCDE déclinait déjà, Japon mis à part (graphique 12). L'effort porté vers les marchés de l'OPEP et de l'Afrique avait en effet permis d'améliorer les performances quand ces marchés se développaient. Dès lors qu'ils ont fléchi, l'inverse est survenu : les parts de marché de la France ont reculé tout au long de la décennie quatre-vingt contrairement à celles de la République fédérale d'Allemagne et de l'Italie. Au cours de cette même période, le déclin industriel du Royaume-Uni se poursuivait et la domination des États-Unis s'estompait au profit du Japon et plus généralement du Sud-Est asiatique.

Le coût d'une orientation géographique devenue inadéquate peut être illustré par la comparaison des deux « demandes mondiales » habituellement calculées et des parts de marché qui y correspondent (graphique 13). La « demande mondiale adressée à la France » pondère les importations des pays clients par la part qu'ils représentent dans les exportations françaises ; ce concept définit en quelque sorte les marchés potentiels de la France, en intégrant l'existence de marchés plus ou moins captifs ou privilégiés (l'Amérique latine pour les États-Unis, l'Asie pour le Japon, etc.). Sa croissance fut, depuis 1980, nettement plus faible

GRAPHIQUE 12. — PARTS DE MARCHÉ (1) (produits industriels)

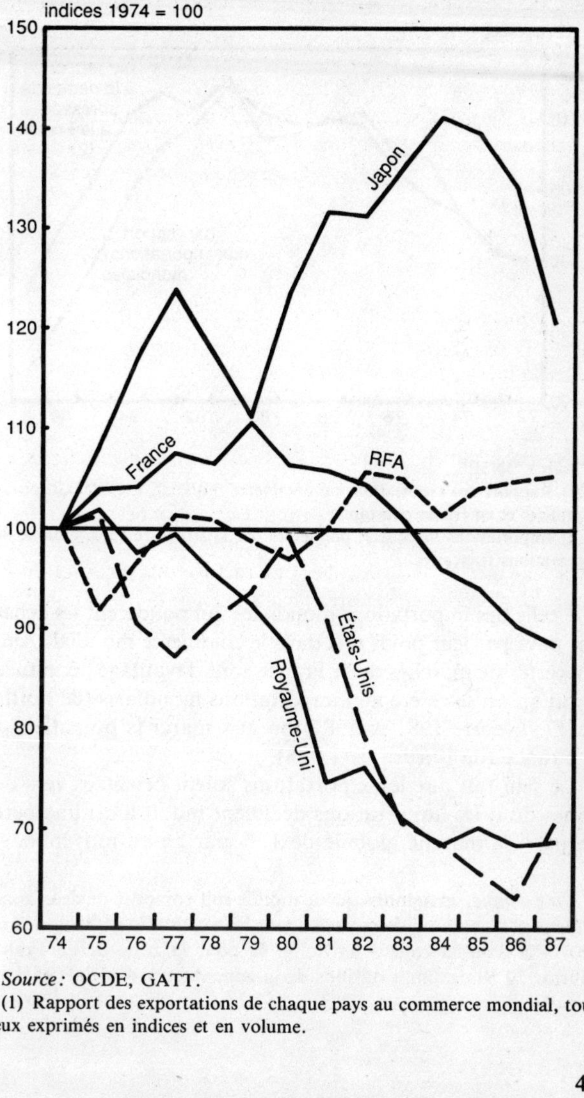

Source : OCDE, GATT.

(1) Rapport des exportations de chaque pays au commerce mondial, tous deux exprimés en indices et en volume.

GRAPHIQUE 13. — PARTS DE MARCHÉ DE LA FRANCE (1)
(produits industriels)

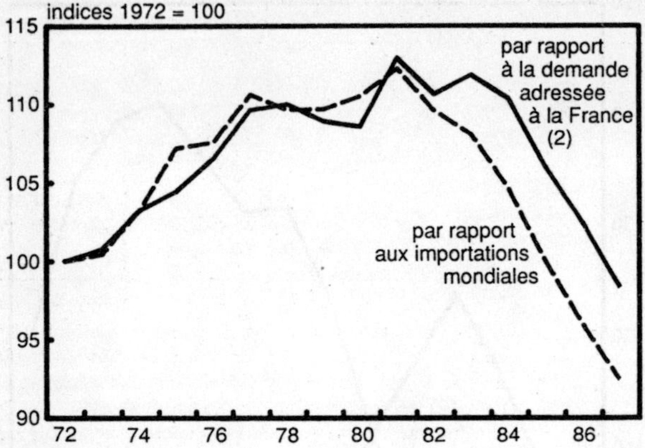

Source : INSEE.

(1) Rapport des exportations au commerce mondial, tous deux exprimés en indices et en francs constants.

(2) Importations mondiales pondérées par la structure géographique des exportations françaises.

que celle des importations mondiales qui pondèrent les achats des pays par leur poids réel dans le commerce mondial. Ainsi les pertes de marchés de la France sont davantage accentuées selon qu'on se réfère aux importations mondiales (de l'ordre de 17 % entre 1981 et 1987) ou aux marchés potentiels de la France (de l'ordre de 12 %).

Le seul fait que les exportations soient orientées vers des zones dont les importations déclinent induit ainsi une perte de part de marché globale de 1 % par an en moyenne.

Un exemple : imaginons que le monde soit composé de deux zones seulement dont le poids respectif dans les exportations françaises est de 70 % pour la zone A et de 30 % pour la zone B. La France fournit 20 % des importations de la zone A et 5 % de celles de la zone B.

	Zone A	*Zone B*	*Monde*
Année de base			
Importations des zones	350	600	950
Exportations françaises	70	30	100
Année suivante			
Importations des zones	– 10 % = 315	+ 10 % = 660	= 975 soit + 2,6 %
Exportations françaises si les parts de marché sont restées identiques dans chacune des zones, soit 20 et 5 %.	63 (– 10 %)	33 (+ 10 %)	96 soit – 4 %

La part de la France dans les importations mondiales était de 10,5 % à l'année de base et n'est plus que de 9,8 % l'année suivante. Les importations mondiales ont progressé de 2,6 % et les exportations françaises ont reculé de 4 %, soit une « perte de part de marché » de 6,4 %, alors que les exportations ont progressé autant que les importations de la zone B et n'ont pas fléchi davantage que les achats de la zone A malgré la concurrence accrue par la contraction de ce marché. C'est la modification de structure géographique de la demande mondiale qui induit cette perte de part de marché.

La réalité ne se réduit pas à cet exemple simplifié, mais elle y ressemble : une partie des mauvaises performances de la France de la décennie quatre-vingt résulte du poids dans ses exportations de zones dont le volume des importations a chuté et de sa faible présence dans les pays qui ont constitué à partir de 1983 le moteur du commerce mondial (États-Unis, Asie du Sud-Est). Si, de plus, des pertes de parts de marché se produisent dans ces pays, l'effet global est accru. C'est ce qu'il advint. Vers les pays de l'OCDE, les exportations françaises ont progressé moins vite que les importations. A la grande exportation (hors CEE), le recul des performances s'explique par la faiblesse sur le marché américain qui représente près de la moitié des ventes en valeur vers cette région ; le décrochage s'est produit à partir de 1983 quand les importations américaines se sont accrues. Sur le marché européen, les pertes de parts de marché, un peu plus tardives que vers les autres pays industrialisés puisque l'écart se creuse à partir de 1984, ont été de plus grande ampleur qu'à la grande exportation. Ce n'est plus l'inadéquation de l'orientation géographique qui est à l'origine de ces mauvaises performances mais l'insuffisante compétitivité qui a limité les ventes dans un contexte de concurrence accrue ; celle du Japon et des nouveaux pays industrialisés, qui n'a pas pénalisé que la France, mais qui l'a pénalisée davantage en réduisant les possibilités d'exportation par une pénétration accrue des marchés intérieurs des pays occidentaux. Elle a aussi contribué à accroître la pénétration du marché intérieur français.

La pénétration des importations sur le marché intérieur s'est élevée

La part des importations sur le marché intérieur s'est très fortement accrue dans l'industrie. En 1987, le taux de pénétration s'élève à 32 % aux prix courants, au lieu de 18 % en 1970 et moins de 10 % à la fin des années cinquante. L'accroissement a été régulier : il traduit, en longue période, la tendance à l'interpénétration des marchés, déjà analysée, puisqu'en même temps le taux de pénétration et la part de la production exportée ont progressé (graphique 14). Quand les taux de croissance de l'économie se sont durablement ralentis après 1973, le taux de pénétration s'est à peine infléchi. Les relances de la demande intérieure ont ainsi un contenu en importations de plus en plus élevé.

Les niveaux de pénétration sont inégaux selon les branches (graphique 15). Ils sont le plus élevés pour les biens d'équipement ménagers (hi-fi, téléviseurs, appareils ménagers de cuisine) où ils atteignent 56 % en 1987 en francs courants. La part des importations sur le marché intérieur est également très forte pour les biens d'équipement professionnels (mécaniques, électriques et électroniques). L'interpénétration est moindre dans les autres branches, l'automobile, les biens de consommation courante (textile, meubles, etc.) et les biens intermédiaires (sidérurgie, chimie, etc.)

De ces écarts de niveaux et du poids relatif de ces diverses branches dans les importations résultent des effets différents des politiques de relance selon qu'elles se fondent sur la consommation ou l'investissement. Les relances de l'investissement sont les plus coûteuses en termes d'importations, du

GRAPHIQUE 14. — EFFORT À L'EXPORTATION ET TAUX DE PÉNÉTRATION DANS L'INDUSTRIE (1)

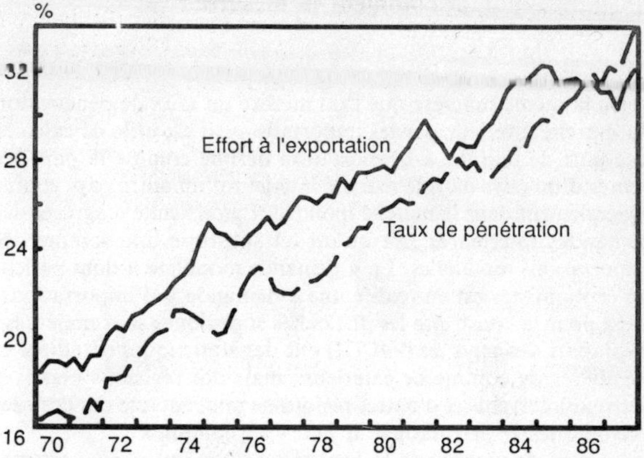

GRAPHIQUE 15. — TAUX DE PÉNÉTRATION DANS L'INDUSTRIE (1)

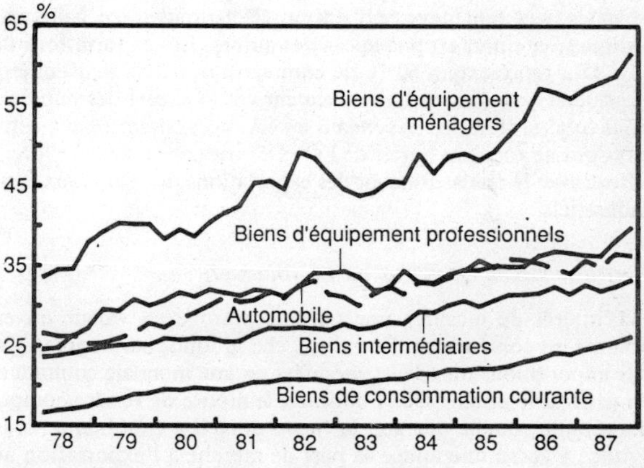

Source: INSEE, Comptes nationaux en base 1980.

(1) L'effort à l'exportation est le rapport des exportations à la production. Le taux de pénétration est la part du marché intérieur couverte par les importations (en francs constants de 1980).

Qu'est-ce qu'une part de marché externe et comment la mesurer ?

De la même manière que l'on mesure un taux de pénétration du marché intérieur par les importations, il est utile de calculer une part de marché à l'exportation définie comme la part des ventes d'un pays dans le marché intérieur d'un autre pays et plus généralement dans le marché mondial. La difficulté d'agréger des demandes intérieures fait qu'on lui substitue une somme des importations mondiales. La « demande mondiale » dont parlent les économistes est en réalité une « demande » d'importations. Déjà pour la construire les difficultés statistiques sont majeures : la plupart des pays de l'OCDE ont des statistiques détaillées et régulières de commerce extérieur ; mais des révisions massives peuvent intervenir et d'autres régions ne publient que des données épisodiques et peu fiables. Il faut s'en contenter.

La part de marché de la France est donc, au mieux, estimée par un pourcentage des importations mondiales. Elle peut, par approximation, être calculée comme la part des exportations françaises dans les exportations des huit grands pays de l'OCDE, lorsque le souci est de rendre compte au plus vite des évolutions récentes : ces huit pays publient en effet rapidement leurs statistiques, ce qui n'est pas le cas des autres. Les exportations de l'OCDE, représentant 60 % du commerce mondial, peuvent être considérées comme un bon indicateur conjoncturel des importations totales. Il néglige cependant les échanges commerciaux entre pays qui ne font pas partie de l'OCDE ; or ces échanges s'intensifient avec le poids croissant des exportations des nouveaux pays industriels.

Part de marché en valeur ou en volume ?

L'intérêt de mesurer une part de marché en valeur ou en volume est controversé. En valeur, elle se fonde sur l'agrégation des importations mondiales mesurées en une monnaie commune, en général le dollar. Cette notion a le mérite de rendre compte du résultat, quelle que soit la façon dont il a été obtenu : si la France a accru une année sa part de marché à l'exportation au détriment d'autres pays, elle a pu le faire soit en vendant davantage de produits, soit en vendant le même nombre de produits mais en élevant les prix unitaires. Vendre autant en volume tout en haussant les prix témoigne d'une bonne capacité concurrentielle et une entreprise s'intéresse en premier lieu à son chiffre d'affaires à l'étranger, par définition mesuré en francs courants.

Deux critiques peuvent cependant être faites : la première est qu'à suivre des parts de marché en valeur on risque de rendre compte principalement des fluctuations du taux de change. Ainsi, l'appréciation du dollar entre 1980 et 1984 a fait que la part de marché des États-Unis s'est accrue, malgré la dégradation de leur position concurrentielle. A l'inverse, la dépréciation du dollar en 1986 et 1987 a fait qu'elle s'est réduite, au profit des pays européens qui ont vu leur poids s'accroître de ce simple fait (tableau VII). La seconde critique en découle et relève de la nécessité d'une analyse en termes de compétitivité : une part de marché aux prix constants témoigne mieux de la position d'un pays dans le commerce mondial.

TABLEAU VII. — PARTS DES ÉTATS-UNIS ET DE LA FRANCE DANS LES EXPORTATIONS DE PRODUITS MANUFACTURÉS DES HUIT GRANDS PAYS DE L'OCDE [1]
(En % du total des huit pays)

	1980	*1984*	*1987*
En dollars courants			
États-Unis	21,5	22,2	17,9
France	10,8	9,5	10
Aux prix et taux de change de 1975			
États-Unis	22,6	16,6	13,9
France	11	10,8	10,2

Sources : Comptes nationaux INSEE de 1987, à partir de statistiques OCDE.

1. France, Italie, Pays-Bas, RFA, Royaume-Uni, UEBL, États-Unis, Japon.

Les performances en volume peuvent être présentées de deux façons : en pourcentage des importations mondiales (ou de l'OCDE ou d'une partie d'entre elle), ce qui implique la conversion préalable des importations de chaque pays au prix et au taux de change constants d'une année, comme c'est le cas dans le tableau. Ou bien en indice, ce qui est fait le plus fréquemment ; une plus grande simplicité statistique et la difficulté d'opter pour une année de base qui se caractérise par un équilibre des taux de change conduisent à ce choix. Il implique qu'on compare alors des évolutions respectives des exportations françaises et des importations mondiales, sans référence aux niveaux de pénétration.

moins à court terme. D'autant qu'elles induisent des flux d'importations complémentaires de biens intermédiaires.

Le résultat : la position française s'est dégradée dans la plupart des branches

La dégradation de la compétitivité externe de l'industrie a conduit à une détérioration des taux de couverture dans la plupart des branches. Seules échappent à cette règle la construction aéronautique dont l'excédent s'est massivement amplifié, la parachimie-pharmacie et dans une moindre mesure quelques branches produisant des biens intermédiaires comme la sidérurgie et le verre (tableau VIII). Partout ailleurs, les excédents se sont amenuisés voire ont disparu ou bien les déficits se sont creusés. Les industries traditionnelles de biens de consommation courante l'illustrent de la façon la plus spectaculaire. Le textile et l'habillement dégageaient des excédents durant les années soixante-dix ; depuis 1979 en revanche, un déficit est apparu et n'a cessé de s'amplifier jusqu'à atteindre 17 milliards de francs en 1987 ; l'image de la compétence française n'a pas résisté à la concurrence des pays à bas salaires, et les délocalisations de productions se multiplient. Les importations progressent continûment tandis que les exportations s'essoufflent. Les industries du cuir et de la chaussure, de l'ameublement, de l'édition et du jouet n'échappent pas à cette règle. La parfumerie et la pharmacie résistent mieux dans cet océan agité.

Le déficit des biens d'équipement ménager s'est régulièrement creusé du fait de la très forte hausse des importations de biens électroniques en provenance du Sud-Est asiatique.

L'automobile, dont la compétitivité s'était améliorée dans les années soixante-dix, a vu son excédent se réduire depuis une décennie, bien qu'il reste encore confortable (un peu plus de 20 milliards de francs en 1987). La concurrence japonaise joue encore peu sur le marché intérieur français puisqu'elle est réglementée mais elle pèse fortement sur le marché européen en réduisant les débouchés. La délocalisation des productions fait que des exportations de pièces détachées se substituent à celles des véhicules finis. Et la dégradation des échanges de camions s'est intensifiée.

TABLEAU VIII. — SOLDES PAR PRODUITS
(Milliards de francs)

	1973	*1980*	*1987*
Biens intermédiaires	*– 7,1*	*– 11,2*	*– 17,6*
Minerais et métaux ferreux	0,2	5,7	6,7
Minerais et métaux non ferreux	– 5,1	– 16,6	– 9,2
Matériaux de construction	– 1,0	– 3,4	– 3,5
Verre	0,7	2,0	2,7
Chimie de base, fibres synthétiques	– 0,5	2,4	3,3
Fonderie et travail des métaux	0	2,7	– 4,1
Papier, carton	– 2,1	– 6,1	– 12,0
Caoutchouc et matières plastiques	0,9	2,1	– 1,5
Biens d'équipement professionnels	*1,5*	*27,3*	*23,5*
Mécanique	– 0,9	5,1	– 10,3
Matériels électriques et électroniques professionnels	0,2	2,7	– 4,7
Construction navale et aéronautique, armement	2,2	19,5	38,5
Biens d'équipement ménager	*– 1,7*	*– 5,3*	*– 14,6*
Matériels de transport terrestre	*9,8*	*28,1*	*22,9*
Biens de consommation courante	*5,9*	*– 3,7*	*– 24,9*
Parachimie et pharmacie	2,3	8,4	15,7
Textiles et habillement	4,3	– 1,7	– 17,1
Cuirs et chaussures	0,8	– 2,0	– 7,3
Bois, meubles et industries diverses	– 1,3	– 8,2	– 13,4
Presse et édition	– 0,2	– 0,2	– 2,8
Total industrie	*8,4*	*35,2*	*– 10,7*

Sources : INSEE, Douanes.

Les branches de biens d'équipement, dont la position s'était détériorée dans les années soixante, ont connu une nette amélioration dans les années soixante-dix quand les grands contrats signés avec les pays en développement ont étendu les marchés de ces biens. Leur tarissement à partir du début des années quatre-vingt et la reprise de l'investissement

Le contenu en importations des exportations et de la demande intérieure

La présentation de soldes par produits masque un phénomène dont l'importance s'accroît ; le développement des échanges croisés conduit à une imbrication de composants nationaux ou importés dans les productions de biens finals. Ainsi, des produits « made in France » peuvent être des succès importants à l'exportation et intégrer dans leur fabrication de nombreux éléments importés. L'exemple le plus clair est celui de l'aéronautique. Chaque mois quand les résultats mensuels du commerce extérieur sont publiés, le nombre de ventes d'Airbus est précisé. L'excédent dégagé par les seules ventes d'Airbus est de l'ordre de 10 à 20 milliards de francs par an depuis plusieurs années. Or la part française du Groupement d'intérêt économique Airbus Industrie, entreprise européenne, est de 38 % ; d'autre part, de nombreux composants électroniques sont importés, les années qui précèdent la vente du matériel fini. Le bilan extérieur devrait intégrer l'ensemble de ces échanges. Des études spécifiques ont évalué ces contenus en importations.

La première, concernant la filière agro-alimentaire [5], a cherché à déterminer si les exportations étaient suffisantes pour couvrir le coût de tous les produits importés pour satisfaire la demande finale en produits agro-alimentaires. Sont donc pris en compte non seulement les importations directes de produits finis qui assurent une partie de la demande intérieure, mais aussi le contenu indirect en importations, c'est-à-dire l'ensemble des biens et services importés qui sont utilisés dans le cycle de fabrication nationale. Les fruits tropicaux sont des importations directes, le carburant et les engrais sont des importations indirectes qui apparaissent habituellement dans les branches de l'énergie et de la chimie. En revanche, les importations de caoutchouc n'étant pas destinées à la consommation de la filière agro-alimentaire mais à celle des pneumatiques ne sont pas prises en compte. Il apparaît ainsi qu'en 1980 le contenu en importations représentait 17 % des exportations, au lieu de 11 % en 1974. Si on substitue au solde commercial agro-alimentaire traditionnel un solde qui tienne compte des importations indirectes et qui élimine les importations non destinées à la filière, on constate qu'en 1980 les échanges extérieurs étaient à peine équilibrés alors que l'excédent calculé habituellement atteignait 12 milliards de francs.

Une étude plus récente [6] a porté sur l'ensemble des branches. Elle fait apparaître en particulier la comparaison des deux types de solde pour 90 produits. Si l'on reprend l'exemple de l'aéronautique, le solde commercial traditionnel de la branche (qui inclut les avions, les moteurs et les équipements) est excédentaire de 13 millards de francs en 1982 alors que le solde dit « effectif » n'est excédentaire que de 10 milliards.

Les deux types de soldes sont pertinents. Le solde traditionnel a le mérite, outre celui de sa simplicité, de caractériser la position extérieure de produits homogènes, pour peu que la nomenclature choisie soit suffisamment détaillée. Un constructeur aéronautique choisira d'acheter un composant électronique national ou étranger selon qu'il est plus ou moins efficient ; ce faisant, il améliorera la performance de son produit final, qui sera confronté à la concurrence internationale sur le marché des avions et non celui des puces. Le solde de l'aéronautique a donc un sens pour situer la capacité concurrentielle d'une industrie. Il ne peut cependant pas rendre compte de l'effet de croissance d'un marché sur le solde extérieur global. Que se passe-t-il en effet si les commandes d'avions augmentent ? La croissance des exportations sera partiellement compensée par une hausse des importations d'électronique (comptabilisées dans la branche correspondante). Le problème devient capital lorsqu'on s'interroge sur les effets induits d'une relance de la demande. Concernant des produits finis, elle se traduira soit par des importations directes, soit par un accroissement de la production nationale incorporant des composants (ce que les économistes appellent des consommations intermédiaires) en partie importés.

L'étude précitée [6] a déterminé la part des consommations intermédiaires dans les importations totales : elle était environ des deux tiers au début des années quatre-vingt. L'importation n'est donc pas essentiellement une importation de biens finals. Dans certaines branches où la technologie est bien dominée, voire banalisée, la sous-traitance et la délocalisation à l'étranger de segments de production se développent (cas de l'habillement). Dans certaines activités à haute technologie, l'importation de composants stratégiques permet d'améliorer les performances extérieures (cas de l'aéronautique). Dans d'autres enfin, où la compétitivité s'est dégradée, les importations directes de biens finals se sont substituées aux importations d'intrants destinées à la production finale (cas des matériels électroniques destinés aux ménages).

en France à partir de 1985 se sont conjugués pour réduire l'excédent ; les produits de la construction mécanique sont même devenus déficitaires en 1987 et ceux de la construction électrique et électronique en 1986 [4].

Malgré la dégradation globale du commerce extérieur de biens d'équipement, certaines activités, qui mettent en œuvre des technologies de pointe, ont acquis de solides positions. C'est le cas en particulier des centrales nucléaires, des télécommunications, de l'aéronautique, des armes, du matériel ferroviaire. Ces activités ont en commun de bénéficier, ou d'avoir bénéficié d'un appui de l'État. Soit que leurs dépenses de recherche aient été financées par des aides publiques ; soit que l'État constitue le principal client en France par l'intermédiaire des marchés publics et qu'ainsi le marché national constitue une vitrine pour l'exportation ; soit que des conditions favorables de financement des ventes à l'étranger aient été accordées.

4. La compétitivité industrielle

La médiocre compétitivité de l'industrie française résulte d'un appareil de production mal adapté à la demande intérieure et mondiale. C'est le fruit du retard d'investissement. Certes l'effort d'équipement atteint en France des niveaux similaires à ceux des autres pays européens ; mais la taille de l'industrie y est proportionnellement plus réduite, à l'avantage des services. Et l'orientation sectorielle des investissements n'a pas toujours favorisé les secteurs les plus exposés à la concurrence internationale ni les secteurs susceptibles de croître le plus rapidement parce que portés par une forte demande mondiale.

Une spécialisation de type intermédiaire

La spécialisation de la France peut être qualifiée « d'intermédiaire », ce qui définit son mode d'insertion dans les échanges internationaux. Elle est importatrice nette de produits à haute technologie vis-à-vis des pays industrialisés et exportatrice nette de produits plus banals vis-à-vis des pays moins avancés. Cette caractéristique, qui découle d'une analyse de la polarisation géographique selon une décomposition détaillée des produits, est souvent caricaturée sous la forme « la France vend ses produits industriels aux pays moins avancés qu'elle et importe en provenance des pays davantage développés ». Cette affirmation est fausse : même en 1984, lorsque l'excédent industriel avec les pays en développement était le plus élevé, ceux-ci n'absorbaient que 24 % des ventes et l'OCDE 70 % dont 46 % pour la CEE. Si l'on élimine les biens intermédiaires pour considérer seulement les produits finis, les parts respectives sont de 28 %, 66 % et 41 %.

C'est en réalité l'importance des échanges croisés qu'il faut considérer, quand taux d'exportation et taux de pénétration progressent simultanément mais concernent des produits différents à l'intérieur d'une même branche. Par exemple, au sein des biens d'équipement, la dépendance est grande vis-à-vis des pays de l'OCDE pour des produits comme les machines-outils à commande numérique, l'informatique, les matériels robotisés, les automatismes. Les taux de couverture y sont très faibles. Or la forte croissance de la demande pour ces produits ne peut qu'aggraver la dépendance tant que des producteurs nationaux n'émergent pas ; le plan machine-outil qui se fixait pour objectif cette émergence a échoué. La dépendance est donc cumulative, d'autant qu'elle s'étend aux industries qui incorporent les matériels de haute technologie à leur production.

Les points forts et les points faibles en France...

Des travaux récents ont mis en lumière, à partir d'une analyse de 300 produits industriels, quels étaient les points forts et les points faibles de la France dans la décennie quatre-vingt [7]. Une typologie des produits a été construite à partir d'un indicateur de taux d'internationalisation qui rend compte de la concurrence interne et externe.

Taux d'internationalisation = TE + (1 − TE) × TP

TE = taux d'exportation

(1 – TE) = part de la production vendue en France
TP = taux de pénétration

Sur 300 produits, une cinquantaine sont peu échangés au sens où leur taux d'internationalisation est inférieur à 20 % ; soit qu'il s'agisse de produits peu transportables (produits frais et produits banals très lourds), soit qu'il s'agisse de produits de la sous-traitance dépendant de commandes nationales des donneurs d'ordre. Bien que leur nombre ait eu tendance à se réduire, ils représentent encore le cinquième de la production industrielle au début des années quatre-vingt. Parmi les autres produits, on distingue une centaine de « points forts » qui dégagent des excédents extérieurs significatifs (taux de couverture supérieur à 120 %), 90 « points faibles » fortement déficitaires (taux de couverture inférieur à 80 %) et une soixantaine de produits presque équilibrés. Les petites et moyennes entreprises de moins de 500 salariés dominent les activités peu exposées à la concurrence et lorsqu'elles sont insérées dans les échanges mondiaux elles constituent l'essentiel des points faibles. Les principaux points forts se situent dans les industries agro-alimentaires où ils concernent surtout des produits peu transformés ; dans la parachimie grâce à la parfumerie et à la pharmacie ; dans le textile grâce aux filatures ; dans les biens d'équipement lourds grâce au matériel ferroviaire, au matériel électrique de grande puissance et à l'armement ; dans la construction aéronautique et l'automobile. Cependant, parmi la centaine de points forts dénombrés en 1981, quarante sont déficitaires ou juste équilibrés vis-à-vis des pays de la CEE ; presque vingt ont même un taux de couverture inférieur à 80 %, en particulier la plupart des points forts de la construction mécanique.

Au début des années quatre-vingt, le tiers des produits étaient des points forts, mais ils assuraient près de la moitié de la production industrielle. Le dynamisme de ces produits entre 1973 et 1981 ne semble pourtant pas être davantage venu des exportations dont la croissance fut aussi forte pour tous les groupes de produits. En revanche, celle des importations fut nettement plus soutenue pour les points faibles que pour les points forts, en général à cause d'une forte demande intérieure. La production s'est donc accrue davantage pour les points forts.

Dans la plupart des branches [4] coexistent points forts et points faibles, sans qu'une généralité apparaisse dans leur localisation : en amont ou en aval dans les branches dont la production s'étend de la première transformation des matières premières aux produits finis (métallurgie, textile) ; ailleurs s'opposent des produits finis (matériel de travaux publics et machines-outils dans la construction mécanique) ou complémentaires (composants électroniques importés par un point fort à l'exportation comme à l'aéronautique).

Au-delà du nombre respectif de points forts ou faibles, qui constitue un premier élément de caractérisation de la compétitivité française, cette coexistence de positions diverses à l'intérieur même des branches est primordiale : cette hétérogénéité, qu'on qualifie de spécialisation fine ou spécialisation intra-branche, accroît la dépendance vis-à-vis de l'extérieur alors que les pays qui disposent à l'inverse d'une spécialisation inter-branches (c'est-à-dire où quelques branches excédentaires sont homogènes) bénéficient d'une autonomie accrue et d'effets d'entraînements.

... et ailleurs

Le développement des flux croisés d'achats et de ventes pour la majorité des produits a conduit à s'interroger sur les divers modes de spécialisation des pays [8]. Un classement selon le nombre de leurs points forts en 1980 donne l'ordre suivant : le Japon, la République fédérale d'Allemagne, l'Italie, le Royaume-Uni et la France. De plus, le Japon et la République fédérale d'Allemagne concentrent davantage le total de leurs exportations sur leurs points forts. Mais la pénétration du marché intérieur allemand est beaucoup plus élevée qu'au Japon et se rapproche de la France. Au-delà du nombre et du poids relatif des points forts, les modes de spécialisation distinguent les pays. Le Japon et la République

4. Les 300 produits industriels sont regroupés en 20 branches de la nomenclature d'activités et de produits.

fédérale d'Allemagne ont en commun une bonne intégration des produits au sein des branches auxquelles ils appartiennent : plusieurs grandes branches n'y ont aucun point faible et ont donc une insertion internationale homogène : la métallurgie, la construction mécanique, l'automobile, l'informatique, la construction électrique et électronique, la transformation des matières plastiques, et la chimie pour la République fédérale d'Allemagne. Cette spécialisation inter-branches assure une meilleure cohésion du tissu industriel. En revanche, la France, le Royaume-Uni et l'Italie n'ont chacune que deux ou trois grandes branches puissantes et la France tout particulièrement se distingue des autres pays par une plus grande dispersion de ses points forts.

Pôles de compétitivité et d'effets d'entraînement

L'existence de pôles de compétitivité, c'est-à-dire d'ensembles d'activités interdépendantes qui ont acquis des positions puissantes dans le commerce mondial, confère aux entreprises correspondantes un rôle primordial d'entraînement sur les autres activités. Les excédents commerciaux dégagés grâce au dynamisme des exportations ou à une faible pénétration du marché intérieur permettent qu'une croissance économique plus soutenue que celle des partenaires ne bute pas sur la contrainte extérieure. En France, la spécialisation sur des créneaux mal reliés conduit à élever fortement les importations lors de toute relance d'activité, au point de dégrader dangereusement le solde commercial.

Si les pôles de compétitivité concernent des activités à haute technologie, la domination est accrue. L'avance technologique assure en effet à ces produits un marché captif et permet aux entreprises d'en fixer le prix sans concurrence. Les profits dégagés permettent de financer les processus d'innovation qui donneront naissance à d'autres filières compétitives, et les effets d'entraînement sont renforcés. A l'inverse, une spécialisation sur des produits banals fait que les producteurs sont davantage soumis à la concurrence par les prix. C'est donc la structure de l'offre productive qui détermine en tout premier lieu la position concurrentielle d'une industrie. L'organisation commerciale tient aussi un rôle important, mais second.

De la compétitivité de l'offre à celle des prix

Pour des produits équivalents en qualité et en délai de disponibilité, le niveau comparatif des prix détermine l'échange : si un produit français est le moins cher sur le marché mondial, il sera exporté puisque compétitif dans les pays étrangers, et l'utilisateur français n'éprouvera pas le besoin d'importer. On définit une compétitivité externe, rapport du prix d'exportation des pays concurrents exprimé en francs au prix d'exportation français ; elle mesure l'avantage comparatif sur les marchés étrangers. On définit par ailleurs une compétitivité interne, qui rapporte les prix d'importation de la France aux prix de production nationaux. La compétitivité des prix dépend à la fois des coûts de fabrication, des marges bénéficiaires (qui s'ajoutent aux coûts de fabrication pour former les prix de vente) et des taux de change.

Les coûts de production dépendent pour une large part des salaires ; c'est pourquoi, bien souvent, les comparaisons internationales de compétitivité se limitent à comparer les coûts salariaux des pays, plus particulièrement les coûts salariaux par unité produite.

Les indices d'évolution de la compétitivité des prix généralement publiés détaillent la compétitivité externe vis-à-vis de chacun des grands pays industriels et les agrègent en deux groupes : les quatre principaux concurrents du système monétaire européen (République fédérale d'Allemagne, Italie, Pays-Bas, Belgique) et les sept principaux concurrents industriels (les quatre pays précédents auxquels s'ajoutent le Royaume-Uni, les États-Unis et le Japon). Les fluctuations des taux de change diffèrent au point de rendre divergentes les évolutions de la compétitivité externe de la France face à ces deux zones.

Les déterminants de la compétitivité-prix sont aussi le plus souvent détaillés : ils permettent de souligner que lorsque le franc s'est déprécié vis-à-vis des pays de l'OCDE entre 1980 et 1984, la compétitivité-prix externe s'est améliorée bien que les coûts salariaux unitaires français aient progressé plus vite qu'à l'étranger et que les profits à l'exportation aient été relevés ; en revanche, la baisse du dollar amorcée en 1985 a dégradé la position concurrentielle externe alors que les coûts unitaires relatifs se sont stabilisés.

Comparer des compétitivités-prix pose en premier lieu des problèmes de mesure, car pour situer la position d'un pays vis-à-vis des autres, il faut agréger des données multiples exprimées en monnaies nationales (voir encadré). Cela pose ensuite de nombreux problèmes d'interprétation. Calculer pour un produit la compétitivité-prix est relativement simple : si le même produit est moins cher à l'importation qu'à la production, sa compétitivité est mauvaise ; elle le sera aussi à l'exportation si par exemple son prix de vente en République fédérale d'Allemagne est supérieur au prix du même produit japonais. Au niveau agrégé de l'industrie dans son ensemble, l'interprétation des résultats devient délicate car on mêle des produits qui ne sont pas équivalents : certains pays produisent des biens que la France ne produit pas et inversement ; certains produits, formellement équivalents, seront préférés pour une meilleure qualité ou pour une meilleure organisation du service après-vente à qualité égale, ou pour d'autres motifs encore. Comparer des compétitivités-prix à ce niveau d'agrégation garde toute son importance car cela permet de caractériser un résultat moyen de la France vis-à-vis de l'étranger. Mais il convient de toujours garder à l'esprit l'objet de cette comparaison, c'est-à-dire le résultat moyen de positions hétérogènes.

La compétitivité des prix a évolué en sens inverse à l'intérieur et à l'extérieur

Les deux indicateurs de compétitivité-prix aboutissent à des conclusions contradictoires. La compétitivité-prix à l'exportation s'est améliorée presque continûment de 1970 à 1984, de plus de 10 % ; sa croissance fut la plus forte de 1980 à 1984 lorsque la montée du dollar avantageait les fabrications françaises. Inversement depuis 1985, le recul du billet vert a dégradé la compétitivité externe au point de la ramener en 1987 à un niveau proche de celui de 1980 (graphique 16).

GRAPHIQUE 16. — INDICATEURS DE LA COMPÉTITIVITÉ DES PRIX DES PRODUITS MANUFACTURÉS

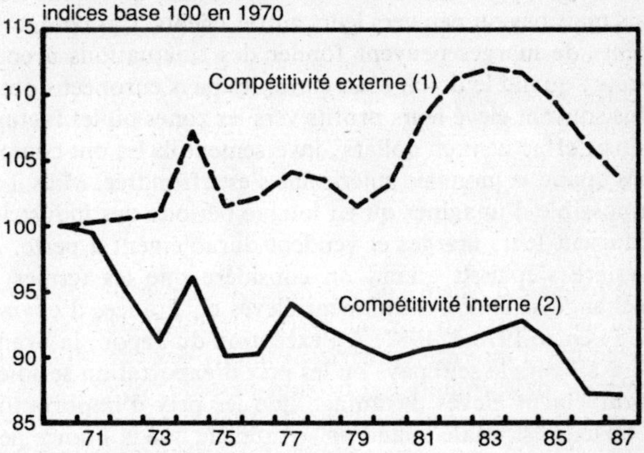

Source : INSEE, Comptes nationaux base 1980.

(1) Rapport des prix d'exportation des concurrents mesurés en francs aux prix d'exportation français.

(2) Rapport des prix d'importation aux prix de production français.

A l'opposé, la compétitivité interne s'est dégradée régulièrement jusqu'en 1980, s'est à peine améliorée de 1980 à 1984 quand le dollar montait si bien qu'elle se situait en 1984 presque 10 % en dessous de son niveau de 1970 ; puis elle s'est à nouveau dégradée depuis 1985. Sauf depuis 1985 où les deux évolutions vont de pair (compétitivités externe et interne se dégradent), il est curieux de constater que les évolutions sont opposées de 1970 à 1984 ; comment imaginer que sur les marchés étrangers les prix d'exportation français progressent moins vite que ceux des concurrents, tandis que sur le marché national les prix d'importation (c'est-à-dire les prix d'exportation des concurrents) ont augmenté moins vite que les prix de production des industriels français (qui fondent leurs prix de vente à l'étranger) ?

Les efforts relatifs de profit des producteurs français et étrangers peuvent expliquer une partie de cette énigme : cela suppose que les industriels français aient très fortement comprimé leurs profits à l'exportation mais pas leurs profits internes, tandis que les pays concurrents auraient fait l'inverse, c'est-à-dire réduit leurs marges sur le marché français mais pas ou peu vers leurs autres clients. Ces comportements de marges peuvent fonder des fluctuations à court terme : quand le dollar s'est élevé, les pays européens ont le plus souvent élevé leurs profits vers les zones où les facturations s'effectuent en dollars ; inversement ils les ont comprimés quand la monnaie américaine s'est effondrée. Mais il est impossible d'imaginer qu'en longue période des industriels réduisent leurs marges et vendent durablement à perte. Le mystère s'épaissit quand on considère que les termes de l'échange se sont continûment élevés en France, d'environ 13 % entre 1970 et 1987. A l'exception du Japon, la France est d'ailleurs le seul pays où les prix d'exportation se soient durablement élevés davantage que les prix d'importation. L'opacité est totale quand on se rappelle que la France perd des parts de marché à l'exportation à partir du début des années quatre-vingt alors que de 1980 à 1984 la compétitivité-prix externe s'améliore franchement.

Il faut pour y voir plus clair se remémorer que, par construction, les compétitivités-prix agrègent des prix de produits qui ne sont pas tous équivalents dans le commerce international. Une étude de 1987 [9] distingue dans l'évolution des termes de l'échange deux éléments de nature différente, un effet des rapports de prix élémentaires des produits et un effet de structure ; celui-ci est positif pour un pays qui se spécialise plus que ses partenaires sur des produits dont le prix augmente plus vite que la moyenne des prix de l'ensemble des produits. C'est le cas de la France.

A partir d'une analyse détaillée d'un grand nombre de biens (4 500), il apparaît que de 1975 à 1983 la France s'est moins spécialisée que l'étranger dans les productions dont le prix relatif diminue. L'exemple de l'électronique est le plus manifeste, qu'il s'agisse de l'informatique, de l'électronique grand public (téléviseurs, hi-fi, magnétoscopes) et des compoposants. L'industrie française a perdu des parts de marché dans cette branche, la pénétration du marché intérieur s'est fortement accrue et la balance commerciale s'est dégradée rapidement. Or le rythme d'innovation technologique qui conduit à un renouvellement rapide des produits et la concurrence que se livrent les pays performants dans ces productions font que le prix relatif des produits de l'électronique a fortement diminué. Pour ne citer que quelques exemples, une calculette est aujourd'hui moins chère en francs courants qu'il y a quinze ans bien que ses capacités soient plus grandes ; le prix d'un téléviseur a peu varié malgré l'inflation générale ; et on peut s'offrir un micro-ordinateur performant pour bien moins cher qu'il y a quelques années. L'effet de structure que provoquent ces produits dont le prix relatif diminue est donc massif et explique en partie la progression globale des termes de l'échange dans l'industrie. A l'opposé, dans les filières plus traditionnelles du textile, de l'habillement, des industries du cuir et de la chaussure, la France s'est surtout spécialisée dans le haut de gamme à l'exportation et importe des produits de bas de gamme fabriqués dans des pays à bas salaires comme ceux du Sud-Est asiatique.

La compétitivité d'une industrie ne se réduit pas à celle des prix

La compétitivité d'une économie est souvent assimilée, à tort, à la compétitivité de ses prix : ainsi lorsqu'on parle de la compétitivité, on sous-entend la compétitivité des prix. Cette vision réductrice sous-estime le rôle de la compétitivité structurelle, c'est-à-dire des avantages hors coûts qui sont d'ordre qualitatif : avance technologique, fiabilité, etc. Finalement, la compétitivité d'une industrie se mesure à ses résultats, parts de marché interne et externe et taux de couverture ou solde commercial. Certains pays ont cumulé des avantages-coûts et hors coûts ; c'est le cas du Japon en général sauf lorsque l'appréciation du yen a dégradé la compétitivité des prix à l'exportation ; mais alors les positions acquises étaient suffisamment solides pour ne pas entamer durablement son expansion internationale. La République fédérale d'Allemagne et l'Italie constituent des exemples opposés : l'Italie a bénéficié de coûts unitaires inférieurs à ceux de ses concurrents et a pu ainsi améliorer son taux de couverture en valeur et en volume. En République fédérale d'Allemagne, au contraire, le niveau des coûts unitaires de production a toujours été très élevé depuis le début des années soixante-dix ; ce désavantage a été largement compensé par l'avantage technologique, d'où un important excédent commercial, qui, même s'il s'est réduit, est resté confortable. Quant au Royaume-Uni, le taux de couverture n'a cessé de se dégrader depuis quinze ans malgré les coûts de production inférieurs à la moyenne des pays industrialisés jusqu'à la fin des années soixante-dix [10].

En France, où les coûts unitaires de production sont élevés mais proches de ceux de la République fédérale d'Allemagne, l'insuffisante performance des produits a conduit à une dégradation de sa position dans le commerce mondial ; l'excédent industriel a pu être préservé et même accru quand son type de spécialisation correspondait au dynamisme des importations des pays en développement ; la progression des termes de l'échange qui découlait de cette spécialisation a alors amplifié l'excédent ; mais dès lors que cette spécialisation s'est révélée insuffisante dans la recomposition du commerce mondial, la progression des termes de l'échange, d'ailleurs ralentie en fin de période, n'a pu compenser la forte dégradation du taux de couverture en volume.

Pourquoi compétitivité-prix et compétitivité-volume s'opposent-elles ainsi ? Théoriquement, l'échange international a lieu entre deux pays si les deux partenaires y ont intérêt, soit parce que produisant avec des technologies différentes, un avantage comparatif naît de cette spécialisation : le pays qui produit un bien avec la productivité la plus faible a intérêt à acheter ce bien au pays qui le fabrique avec la meilleure productivité et au moindre coût ; ce coût relatif, issu des conditions de production, détermine le prix d'équilibre. Ou bien parce que les pays sont dotés de facteurs de production plus ou moins abondants : le pays qui dispose d'un capital plus abondant par rapport au travail que son concurrent a intérêt à se spécialiser dans les productions dont l'intensité capitalistique est la plus forte (celle qui utilise relativement plus de capital que de travail) ; cette dotation des facteurs de production assure un nivellement des rapports de prix entre les produits [11]. Le prix d'un produit dans le commerce international découle de l'organisation du processus de production. Il n'y a pas d'opposition entre prix et structure, à condition que les produits soient homogènes. Mais ils ne le sont pas toujours ; et même pour des produits homogènes, la concurrence est biaisée parce que certains marchés sont cloisonnés (préférence accordée à certains pays fournisseurs), ou que le libre-échange n'est pas respecté (mesures protectionnistes), ou que les firmes intervenantes ne sont pas atomisées, mais forment au contraire des groupes multinationaux.

Sur des marchés où la concurrence est imparfaite se forment des concurrences par les prix qui sont de nature différente. Lorsqu'une entreprise dispose d'un avantage reconnu (il peut être technologique, découler de l'image de marque, etc.), elle fixe son prix en fonction de ses coûts de production et des débouchés potentiels sans tenir compte des prix de vente des firmes concurrentes ; on dit alors qu'elle est « donneur de prix » (ou *price maker*) ; les produits étant différenciés, un prix s'établit pour chaque produit ; il n'est pas durablement le plus bas possible : à court terme, l'entreprise peut vendre à bas prix pour conquérir un marché, mais elle fixera ensuite ses prix en fonction de sa stratégie de développement. Le cas de produits homogènes mais de marchés compartimentés (barrières douanières formelles ou traditionnelles) conduit de même à la formation de prix multiples selon les segments de marché.

A l'inverse, une entreprise est « preneur de prix » (ou *price taker*) si les produits et les marchés étant homogènes, elle s'adapte au prix unique de ce marché, quels que soient ses coûts de production. C'est le cas des produits banalisés ; une bonne compétitivité des coûts de production et des prix de vente devient alors une contrainte majeure. La manipulation des taux de change peut y contribuer.

Comment évaluer le taux de change ?

Entre deux pays, le taux de change bilatéral se constate simplement. Mais si l'on veut comparer plusieurs pays entre eux, il faut soit convertir toutes les grandeurs observées en une monnaie commune (le dollar, l'Écu...), soit calculer un taux de change effectif. Pour un pays, la France par exemple, le taux de change effectif nominal pondère les taux de change bilatéraux selon l'importance des partenaires dans son commerce (exportations et importations). On peut tenir compte des principaux partenaires commerciaux ou bien étendre le champ à l'ensemble des pays ; le type de pondération peut varier, par exemple en relativisant la part d'un partenaire commercial par son poids dans le commerce mondial [12].

Les taux de change réels corrigent les taux de change nominaux de l'inflation. De la même manière, ils agrègent des taux de change bilatéraux réels. Le choix du déflateur n'est pas simple : l'indice des prix à la consommation a le défaut d'intégrer des prix de services qui ne sont pas échangés. On leur substitue parfois des prix d'exportation, des prix de gros ou des coûts unitaires, mais alors le champ géographique doit être restreint pour disposer de données fiables.

Le taux de change de parité du pouvoir d'achat (PPA) est calculé pour comparer des niveaux de prix ou des quantités. Entre deux pays, le taux de PPA est le taux de change fictif qui égalise le prix des produits à un moment donné. Si le taux de change constaté est supérieur au taux de PPA, il sera qualifié de surévalué, dans le cas inverse il est sous-évalué.

Conclusion de la première partie

La fragilité des échanges extérieurs de la France se lit dans la vulnérabilité de son industrie. Celle-ci est héritée de longues traditions. Aux marchés captifs de l'empire colonial s'est substituée quand cela fut possible l'orientation privilégiée vers les marchés de l'OPEP pour lesquels les relations bilatérales d'État avaient autant ou presque d'importance que les compétitivités comparées d'entreprises.

Quand la suppression des barrières douanières en Europe et la mondialisation des marchés ont fait prendre conscience de l'impérieuse nécessité d'une modernisation industrielle, des grands programmes industriels, intégrés au Plan, ont vu le jour. Tous n'ont pas été des succès : le plan calcul dans les années soixante-dix, le plan machine-outil dans les années quatre-vingt n'ont pas suffi à faire émerger des industries puissantes en ces domaines. Mais la plupart des industries aujourd'hui excédentaires ont bénéficié de façon occasionnelle ou permanente d'un appui de l'État.

La dégradation du solde industriel est d'autant plus profonde aujourd'hui qu'elle repose à la fois sur des pertes de parts de marché à l'exportation et une pénétration accrue du marché intérieur. Mais cela relève encore de la description, non de l'explication. Pourquoi en effet les positions acquises se détériorent-elles ? L'orientation géographique des exportations devenue inadéquate constitue une première réponse, cependant partielle, car elle a été favorisée par les compétences sectorielles existantes. C'est donc du côté de la structure des appareils de production qu'il faut rechercher les explications. L'ampleur de l'investissement a été insuffisante et son orientation n'a pas toujours favorisé les secteurs les plus exposés à la concurrence internationale. Il en a résulté une spécialisation sur des créneaux mal reliés entre eux qui n'ont pu exercer d'effet d'entraînement sur les autres activités. La dépendance vis-à-vis des pays qui disposent d'une avance technologique s'en est trouvée accrue.

Deuxième partie

La contrainte extérieure

La contrainte extérieure résulte d'une confrontation internationale des compétitivités comparées des pays. De là naissent les excédents ou les déficits structurels dans l'industrie. Ces déficits ou même de faibles excédents conduisent d'abord à accroître la sensibilité aux chocs externes : que le prix du baril de pétrole s'élève et c'est l'équilibre global qui est mis en cause. Ils conduisent aussi à pénaliser toute relance économique isolée car alors le décalage conjoncturel aggrave le déficit de l'industrie et des marchandises dans leur ensemble. L'équilibre commercial n'est pas une vertu en soi. Un pays peut vivre et prospérer avec un déficit commercial modéré. Mais d'amples déficits conduisent à dévaloriser la monnaie et requièrent en général une inflexion de la politique économique destinée à limiter le déficit ou à restaurer l'équilibre.

Dans cette seconde partie, nous analyserons les conséquences de l'insuffisante compétitivité de l'industrie française sur la politique économique et la croissance.

I / Contrainte extérieure et décalage conjoncturel

1. Les décalages conjoncturels

La hausse à long terme de la pénétration des importations sur le marché intérieur des produits industriels a été analysée dans la première partie. Il en résulte que les relances de la demande intérieure ont un contenu en importations de plus en plus élevé. Elles conduisent d'autant plus à dégrader les soldes extérieurs qu'elles sont isolées, c'est-à-dire menées en un seul pays. Trois exemples permettent d'illustrer leur impact, selon la conjoncture internationale du moment.

La relance de 1975

Un plan de relance est mis en œuvre dès le début de 1975, dont les mesures s'échelonnent tout au long de l'année ; c'est la « relance Chirac ». Elle a pour objectif de sortir de la récession engendrée par le choc pétrolier de 1973 et les politiques restrictives mises en place au lendemain de la hausse des prix de l'énergie pour ralentir l'inflation, en France comme ailleurs. Elle comporte plusieurs volets : une accélération des dépenses d'équipement des administrations, des aides accrues au logement, un soutien de la consommation des ménages par le biais d'une hausse des prestations sociales et le recrutement de fonctionnaires, et surtout une reprise de l'investissement productif ; les dépenses d'équipement des entreprises nationales sont accrues et l'investissement privé est favorisé par l'instauration d'une aide fiscale ; la détaxe atteint 10 % du montant des dépenses, à condition que les commandes soient passées avant la fin de 1975 et livrables dans les trois mois. Le budget de 1975, initialement voté en équilibre, est mofidié à l'automne : l'ensemble des dépenses engagées en cours d'année porte le déficit budgétaire à 3,7 % du PIB.

Ce plan de relance massif a eu, comme prévu, une efficacité immédiate. L'investissement a progressé de 3,3 % en 1976 (dont 6 % pour l'investissement productif des entreprises). L'impact macro-économique des mesures de relance a conduit à un surcroît de croissance estimé à 1,2 % du PIB chacune des deux années [13]. L'activité, dont la progression a atteint 4,2 % en 1976 après un recul de 0,3 % en 1975, aurait donc été nettement plus faible en l'absence de mesures de soutien. L'effet sur le commerce extérieur a aussi été sensible. Les mesures en faveur de l'investissement ont incité les entreprises à anticiper leurs commandes. Éphémère mais forte, la reprise de l'investissement a conduit à accroître les importations de biens d'équipement de 16 % en volume en 1976 et à élever la pénétration étrangère de 25,2 % à 28,6 % aux prix courants. La progression des achats à l'étranger a également été soutenue pour les biens de consommation, si bien que le taux de couverture des échanges est dégradé dans l'industrie. Avec l'alourdissement de la facture énergétique, le déficit extérieur s'est creusé. La contrainte extérieure a cependant été atténuée grâce au redémarrage du commerce mondial et donc des exportations françaises, la relance française étant allée de pair avec des politiques expansives menés dans les pays de l'OCDE. Ces circonstances favorables ont fait que la production industrielle a pu s'accroître fortement en 1976 mais moins que la demande intérieure qui a surtout bénéficié aux importations.

La reprise de l'investissement en 1979-1980

La phase ascendante de l'investissement productif avait débuté à la fin de 1978, portée par un redressement de la situation financière des entreprises. Elle a culminé au second semestre de 1979 : une faible demande finale et une nouvelle dégradation des profits concourent à interrompre cette reprise dans le courant de l'année 1980 qui a cependant bénéficié des projets mis au point l'année précédente ; la croissance des dépenses d'équipement des entreprises a atteint 4,8 % en 1980 après 2,2 % en 1979. En 1981, un déclin est amorcé.

Des incitations à investir ont été mises en place en 1979 pour conforter la reprise. La détaxe fiscale concernait 10 % du supplément d'investissement d'une année à l'autre et non plus 10 % des dépenses totales comme en 1975 ; le coût budgétaire de ce dernier type de mesure étant en effet très élevé, la nécessaire limitation dans le temps avait, on l'a vu, simplement conduit à anticiper les investissements. A l'inverse, la mesure instaurée en 1979, moins efficace à court terme puisque moins ample, était conçue comme une mesure de soutien durable.

A nouveau les importations ont largement bénéficié du surplus de demande interne de biens d'équipement et la pénétration étrangère s'est élevée brusquement sur ce marché. La production destinée au marché intérieur a même reculé. La forte croissance de la demande étrangère de biens d'équipement en provenance de certains pays en développement, dont les ressources s'étaient accrues du fait du second choc pétrolier, a soutenu les exportations et donc la production.

La relance de 1981

Déjà à la fin de 1980 et au début de 1981, des mesures de relance avaient été adoptées par le gouvernement de Raymond Barre : relèvement de certaines prestations sociales, réduction des cotisations sociales, aides aux agriculteurs, extension du champ d'application de la détaxe fiscale à l'investissement. L'arrivée de la gauche au pouvoir se concrétise par une réorientation de la politique économique. Alors que depuis 1976 la priorité avait été donnée à la lutte contre l'inflation et au contrôle du déficit des finances publiques, le gouvernement de Pierre Mauroy se fixe pour objectif d'endiguer la montée du chômage et pour cela il met en œuvre une politique de relance de l'activité. La politique sociale consiste en l'augmentation des bas salaires et des prestations.

• Le SMIC est augmenté de 10 % le 1er juin 1981 (alors que le seul mécanisme de son indexation sur les prix aurait entraîné une hausse de 3,5 %), puis de nouveau de 3,7 % le 1er septembre et de 2,4 % le 1er novembre, correspondant cette fois à l'alignement sur le coût de la vie. Ces hausses ont en général été répercutées sur les salaires peu supérieurs au SMIC.

• Les prestations sociales sont relevées : hausse de 25 % des allocations familiales et de 20 % du minimum vieillesse au 1er juillet, en particulier. D'autres revalorisations interviendront en 1982 et 1983, notamment pour les retraites.

• La politique budgétaire conforte la relance : la loi de finances rectificative pour 1981 adoptée en août accroît davantage les dépenses que les recettes. Des emplois publics ont été créés et des mesures prises pour favoriser l'insertion professionnelle des jeunes (par une exonération des charges sociales).

L'impact macro-économique des mesures de relance de la gauche a été estimé, en comparaison à une situation de référence où cette relance n'aurait pas eu lieu : la croissance supplémentaire du PIB serait de 0,3 % en 1981 et de 1,2 % en 1982 [13 et 14]. La croissance observée a été de 0,5 et 1,8 %. Une forte production agricole et un restockage des entreprises ont largement contribué à ce résultat en 1982, la production industrielle ayant au contraire stagné, après avoir reculé de près de 2 % en 1981. Les ménages ont été les principaux bénéficiaires de la politique expansionniste ; l'investissement a cependant aussi été soutenu, par le biais des dotations en capital allouées aux entreprises nouvellement nationalisées, mais leur poids était insuffisant pour relancer l'investissement productif total.

Cette relance a buté sur la contrainte extérieure. Les importations de biens d'équipement ménager ont progressé de 41 % en francs constants en deux ans, celles d'automobiles de 19 %, celles de biens de consommation courante de 9 %. La pénétration étrangère sur le marché intérieur s'est fortement accrue : elle passe de 38,1 à 45,5 % entre 1980 et 1982 dans l'équipement ménager ; de 28 à 32,4 % dans l'automobile ; la progression est modérée pour les produits de consommation plus traditionnels, le taux s'élevant seulement de 19,3 à 20,7 % (au prix courant).

Les exportations industrielles ont fléchi à partir du milieu de l'année 1981, suivant en cela le repli du commerce mondial, non prévu à l'époque. Les politiques restrictives menées dans les pays de l'OCDE, principalement aux États-Unis, ont comprimé le volume des échanges et accru l'écart conjoncturel entre la France et l'étranger. L'excédent industriel de la France s'est rapidement comprimé passant de 55 milliards en 1981 à 30 milliards en 1982. Dans le même temps, la hausse du dollar a renchéri les importations de pétrole et de matières premières. Le déficit commercial s'est amplifié au point de conduire à un endettement cumulatif et à des tensions sur le change.

Ressemblances et différences

Les relances de la demande intérieure ont toutes en commun d'accroître fortement les importations. Celles-ci progressent bien davantage que le marché national et la pénétration étrangère s'élève au-delà du rythme tendanciel qui traduit l'ouverture des frontières et l'interpénétration croissante des économies. Mais l'ampleur des reprises et les produits qu'elles concernent modulent différemment la dégradation des soldes extérieurs. La relance de 1975 a bénéficié à l'investissement et à la consommation ; les importations industrielles dans leur ensemble ont progressé le plus fortement. Celle de 1979-1980 n'a concerné que les entreprises ; les taux de pénétration des biens d'équipement étant parmi les plus élevés, l'effet fut sensible sur l'ensemble des achats en provenance de l'étranger. La relance de 1981-1982 a bénéficié essentiellement aux ménages ; son ampleur a poussé à la hausse les importations totales bien qu'en moyenne la pénétration étrangère des biens de consommation soit modérée au regard des autres produits.

Les relances ont toutes en commun qu'elles ne profitent

que partiellement à la production nationale, ce d'autant moins qu'elles sont isolées comme en 1981, car alors les concurrents étrangers se tournent vers les marchés en croissance, faute de marchés porteurs dans leurs propres pays. La comparaison des évolutions de la demande intérieure et de la production est édifiante à cet égard (tableau IX). De la fin 1975 à la fin 1976, la demande intérieure de produits industriels progresse de près de 13 % mais la production destinée au marché intérieur d'un peu plus de 9 % ; celle-ci stagne pour les biens d'équipement professionnel alors que les investissements en biens d'équipement s'élèvent de plus de 20 %. De la fin 1978 à la mi-1980, ceux-ci s'accroissent fortement, mais la production destinée au marché intérieur recule ; la production totale ne progresse que grâce aux exportations. En 1980 et 1981, la production de biens de consommation a peu bénéficié de la relance ; c'est tout particulièrement vrai des biens d'équipement ménager. La reprise depuis 1985 de l'effort d'équipement conduit aussi à élever les achats à l'étranger plus de deux fois plus vite que la demande, mais la production vendue à l'intérieur en profite davantage. Il se peut que face aux mauvaises perspectives d'exportations de biens d'équipement, dues à l'effondrement des marchés de l'OPEP, les producteurs nationaux aient fait un effort particulier sur le marché intérieur.

Les relances ont toutes en commun enfin de dégrader le taux de couverture des échanges extérieurs, mais l'ampleur de cette dégradation dépend du dynamisme du commerce mondial. En 1976 comme en 1979, le commerce mondial était animé, ce qui favorisait les ventes françaises à l'étranger. En revanche, en 1981, il fléchissait, ce qui a accru l'écart conjoncturel. Le taux de couverture des échanges industriels évolue en phase avec le différentiel de croissance entre la France et l'étranger. Cela n'est pas spécifique à la France, mais les risques de tensions sont d'autant plus accentués que l'équilibre est au départ fragile. Des pays qui possèdent de solides excédents comme la République fédérale d'Allemagne ou le Japon peuvent mener des politiques de relance, voire même isolées. Leurs excédents s'amenuiseront mais ont peu de risques de disparaître. Leur poids dans le commerce mon-

TABLEAU IX. — RELANCE CONJONCTURELLE ET PRODUCTION INDUSTRIELLE

% de variation à prix constants	*Industrie*	*Biens de consommation* [1]	*Biens d'équipement*		
	1975.3 à 1976.4	*1980.4 à 1982.2*	*1975.3 à 1976.3*	*1978.4 à 1980.2*	*1985.1 à 1987.4*
Production	10,7	4,0	4,0	3,0	3,6
Exportations	14,7	– 2,0	12,2	15,8	– 2,0
Production destinée au marché intérieur	9,4	6,2	0,4	– 6,4	9,4
Importations	28,8	17,1	23,3	26,4	28,4
Demande intérieure finale [2]	12,8	11,4	12,3	10,0	12,3

Source : INSEE, Comptes nationaux trimestriels.

1. Automobile, biens de consommation courante, biens d'équipement ménager.

2. La demande intérieure finale est estimée par la consommation des ménages en produits industriels pour les biens de consommation et par les investissements en biens d'équipement professionnels pour ceux-ci.

1975.3 = 3ᵉ trimestre 1975.

dial permettra que des effets d'entraînement dynamisent le volume des échanges mondiaux. D'où les admonestations permanentes pour que ces pays jouent le rôle de « locomotive ». En revanche, en France, une croissance économique plus soutenue que celle des autres pays bute sur la contrainte extérieure, qui la force à rentrer dans le rang. Lorsque l'équilibre est durablement instable, aucun écart à court terme n'est toléré par la communauté financière.

2. Balance des paiements et endettement extérieur

La contrainte extérieure ne se juge pas au solde des produits industriels mais au solde de la balance des paiements courants. Celle-ci intègre, en plus des marchandises, l'ensemble des échanges de services et de transferts financiers, qu'on appelle échanges « d'invisibles » (voir encadré).

Déterminants conjoncturels
des échanges extérieurs industriels

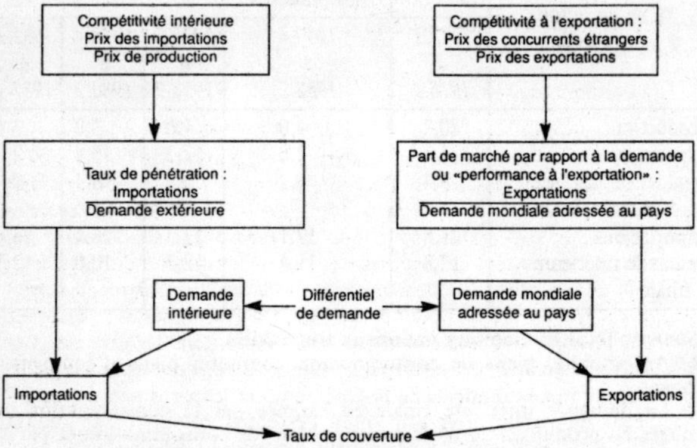

L'évolution des parts de marché à l'exportation et du taux de pénétration du marché intérieur dépendent de la compétitivité des prix et de la croissance des demandes intérieure et extérieure.

L'ouverture tendancielle des économies nationales a trois conséquences. Les taux de pénétration augmentent généralement même lorsque la compétitivité intérieure des prix reste constante. La demande mondiale définie, pour des raisons de disponibilité des séries, comme somme d'importations et non comme somme de demandes intérieures connaît en général une croissance plus rapide que les demandes intérieures.

Il y a une différence de structure entre le prix des importations et le prix de production et elle varie au cours du temps.

Pour ces trois raisons, on introduit une tendance (trend temporel) dans les équations d'importations et d'exportations.

Source : INSEE.

Les échanges de services sont durablement excédentaires en France

Le poids des services s'est rapidement développé au cours des quinze dernières années ; la valeur des échanges de services (importations + exportations) représentait 35 % des échanges de marchandises en 1973 et plus de 45 % depuis le début des années quatre-vingt. Cela témoigne d'une intensi-

Qu'est-ce qu'une balance des paiements ?

La balance des paiements comptabilise toutes les opérations commerciales, financières et monétaires intervenues au cours d'une période donnée entre un pays et le reste du monde. Elle est composée de quatre grands postes.

1. Les marchandises

2. Les invisibles = services + transferts unilatéraux

Les services « liés au commerce extérieur » recensent les flux (assurances, transports) nécessaires à l'acheminement des marchandises. Les services « liés aux échanges de technologie » concernent les recettes d'ingénierie, la coopération technique, les redevances sur brevets. Les « intérêts » enregistrent en débit les sommes que la France doit verser en paiement des emprunts qu'elle a effectués et en crédit les intérêts des prêts qu'elle a octroyés. Enfin, les « voyages » et les « dépenses et recettes des gouvernements » sont également pris en compte dans les services. Les transferts unilatéraux du secteur public sont les contributions aux organismes internationaux (budgets de la CEE, etc.) et les dons aux pays pauvres ; ceux du secteur privé sont, pour l'essentiel, les envois de salaires des travailleurs étrangers dans leur pays d'origine. *La balance des paiements courants (ou balance des transactions courantes) est la somme du solde des marchandises, du solde des invisibles et d'une troisième rubrique, les « autres biens et services »*. Ceux-ci ne sont pas ventilés dans les deux précédentes rubriques, mais représentent une somme importante. Ce biais statistique est imputable aux imprécisions des déclarations dans le partage entre les règlements de marchandises et ceux des services.

3. Les mouvements de capitaux

Les mouvements de capitaux à long terme recensent les flux d'investissements directs et de portefeuille (actions et obligations), les crédits commerciaux que la France attribue et les emprunts qu'elle effectue, à plus d'un an. Certains conditionnent les flux futurs de marchandises (investissements, crédits commerciaux), d'autres sont davantage spéculatifs (investissements de portefeuille). *La balance de base est la somme de la balance des paiements courants et des capitaux à long terme.*

Les mouvements de capitaux à court terme du secteur privé non bancaire (ou capitaux non monétaires) sont essentiellement spéculatifs et volatils, circulant au gré des variations de taux d'intérêt et de taux de change. Ils incluent les prêts et les crédits à moins d'un an et le « termaillage » : selon les anticipations de paiement des transactions, la date de paiement des transactions, fixée dans le contrat, est avancée ou retardée. *La balance globale (ou des mouvements non monétaires) ajoute les capitaux à court terme à la balance de base.*

4. La variation de la position monétaire extérieure

Elle concerne le secteur bancaire et représente ses créances et engagements en francs et en devises. Elle concerne aussi le « secteur public », c'est-à-dire la Banque de France ; il s'agit des réserves en or et en devises détenues par l'État. Ces réserves n'ont pas la forme de stocks de billets mais sont constituées par des avoirs en compte auprès des banques étrangères. *La variation de la position monétaire compense le solde de tous les autres postes. Il est donc de signe opposé.*

Un signe négatif traduit une reconstitution des réserves, un signe positif une baisse de celles-ci (ou un accroissement de l'endettement des banques). Schématiquement, cela signifie que lorsqu'on importe une marchandise pour 10 dollars, les réserves de change diminuent de 10 dollars et inversement lorsqu'on exporte. *Le solde général de la balance des paiements est donc toujours nul.* Cette balance traduit comment sont financés les échanges de marchandises, d'invisibles et de capitaux.

Schéma de la balance des paiements

marchandises
+ invisibles
+ autres biens et services — balance des paiements courants
+ capitaux à long terme — balance de base
+ capitaux à court terme du secteur privé non bancaire — balance globale des mouvements non monétaires
+ variation de la position monétaire extérieure
- du secteur bancaire
- du secteur public (réserves de change)

= 0

Dans les périodes de fort endettement extérieur, une autre présentation, non conventionnelle, est parfois adoptée. Elle vise à mettre en évidence le mode de financement des déficits extérieurs et l'importance respective du financement à long terme (emprunts à plus d'un an) et du financement à court terme (par diminution des réserves publiques de change ou endettement du secteur bancaire). Les emprunts sont alors extraits des mouvements de capitaux à long terme et la balance de base est alors dite « spontanée ». Le « solde à financer » est la somme de cette balance de base spontanée et des capitaux à court terme non monétaires. Fonctionnelle pour mettre en valeur le financement par ressources longues ou courtes, cette présentation a l'inconvénient de rompre la symétrie des créances nouvelles (nées des crédits commerciaux) et des emprunts.

Pour une définition plus détaillée de la balance des paiements, et son mode d'établissement, voir la note d'information n° 50, février 1983, de la Banque de France (« La balance des paiements de la France) et la fiche pédagogique publiée par le ministère de l'Économie et des Finances dans la Note bleue du 9 mai 1988 (« Comment lire la balance des paiements ? »).

fication des activités financières internationales et de l'importance du secteur tertiaire en France, qui se lit dans les échanges extérieurs comme dans le partage de la production intérieure. Les services échangés sont de nature très diverse : des recettes du tourisme aux royalties sur brevets en passant par les intérêts payés sur les emprunts et reçus sur les crédits accordés, le coût du transport des marchandises, l'ingénierie et les recettes procurées par le retraitement des combustibles nucléaires à La Hague, la gamme est étendue et les déterminants sont différenciés. On peut schématiquement distinguer :

— des services structurellement déficitaires comme la balance des brevets, conséquence d'un retard technologique de la France ;

— des services structurellement excédentaires, mais dont les recettes peuvent amplement fluctuer. Le tourisme apporte de nombreuses devises mais que le dollar baisse ou que la crainte d'attentats effraie les touristes américains et l'excédent passe de 30 milliards en 1985 à 22 en 1986 et 18 en 1987. Les recettes d'ingénierie pour les grands travaux effectués à l'étranger, qui s'étaient fortement accrues jusqu'en 1982-1983, ont fléchi depuis à cause d'une moindre demande des pays en développement ;

— des services liés aux échanges de marchandises (transports et assurances) pour lesquels la dégradation de la compétitivité française a progressivement comprimé l'excédent au point de faire apparaître un déficit à partir du début des années quatre-vingt ;

— des services financiers (intérêts, dividendes et revenus du capital) dont le développement rapide provient de l'extension du marché des capitaux et de la montée de l'endettement international de nombreux pays, qu'ils soient industrialisés ou non. La somme des flux d'échanges de la France (crédits + débits) a été multipliée par 13 entre 1973 et 1987 tandis que celle de tous les autres services réunis a été multipliée par 6. En 1987, les services financiers assuraient 33 % du total des exportations de services et 38 % des importations. Longtemps excédentaires quand la France était créancière des pays en développement, les services financiers sont devenus déficitaires depuis 1983 à cause des intérêts à payer sur la dette extérieure. L'excédent global des services s'est donc contracté depuis 1981. Le déficit des transferts unilatéraux (transferts de salaires des travailleurs immigrés dans leurs pays d'origine et contributions du gouvernement français aux organisations internationales) s'est en même temps approfondi ; si bien que l'excédent des invisibles s'est amenuisé au point de presque disparaître en 1987.

La montée de la dette extérieure à partir de 1981 : de l'endettement subi à l'endettement encouragé

La balance des paiements courants évolue comme celle des marchandises (graphique 17). Mais alors que la croissance de l'excédent des invisibles avait en 1979 et 1980 compensé le déficit déjà grandissant du solde commercial, le recul amorcé en 1981 a aggravé sa détérioration. Le déficit des paiements courants a atteint 2,2 % du PIB en 1982, au lieu de 1,4 en 1974, la précédente phase d'endettement extérieur (graphique 18). Le besoin de financement extérieur fut d'autant plus important au début des années quatre-vingt que les mouvements de capitaux à long terme dégageaient des déficits accrus : les crédits commerciaux accordés aux pays importateurs d'infrastructures s'amplifiaient (les commandes de grands contrats étaient à leur plus haut niveau à cette époque) et les investissements français à l'étranger dépassaient les investissements étrangers en France. Or c'est la balance de base, qui intègre les capitaux à long terme, qu'il faut financer. La France a alors multiplié ses emprunts à moyen et long terme et son endettement s'est fortement accru à partir de 1981. Mais sa gestion a changé dès la mi-1983.

Dans une première période, les déficits croissants du commerce de marchandises ont contraint le Trésor public non seulement à encourager l'endettement extérieur des entreprises mais aussi à s'endetter lui-même à la fin de 1982 puis à la mi-1983 (respectivement 4 milliards de dollars et 4 milliards d'ECU). La dette extérieure publique s'est ainsi fortement accrue (15 milliards en 1981, plus de 80 en 1983). La dette extérieure totale est passée de 4,4 % du PIB à la fin de 1980 à 8,1 % à la fin de 1982. Ces moyens étant encore

GRAPHIQUE 17. — BALANCE DES PAIEMENTS COURANTS

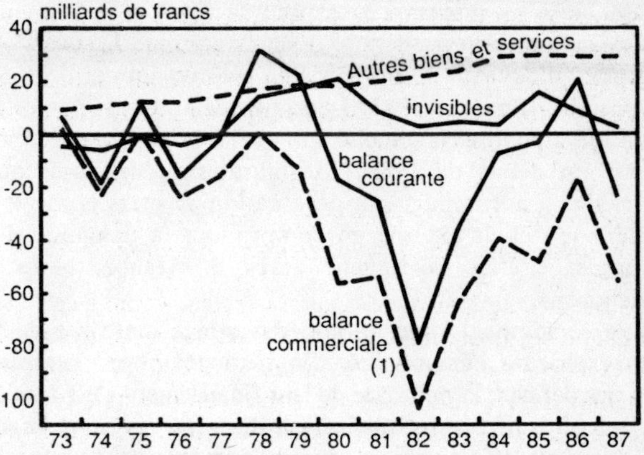

Source : Banque de France.
(1) Au sens de la balance des paiements (y compris DOM-TOM).

GRAPHIQUE 18. — BALANCE DES PAIEMENTS COURANTS EN POURCENTAGE DU PIB

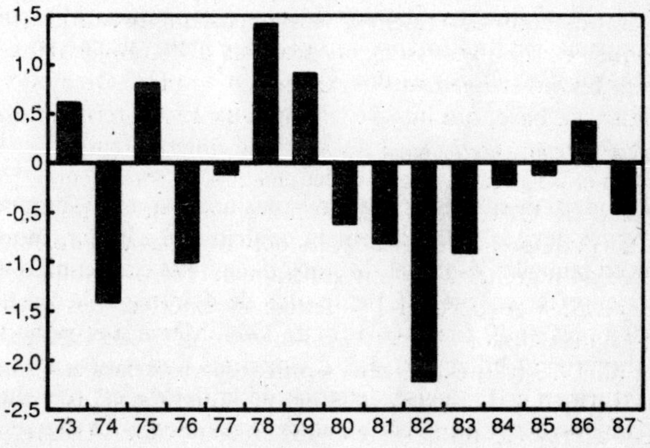

Source : Banque de France, INSEE.

insuffisants, les réserves publiques en devises ont constitué l'ultime recours du financement de la balance de base, diminuant ainsi les marges de manœuvre pour la défense du franc. La position monétaire de la Banque de France s'est dégradée d'environ 30 milliards en rythme annuel de 1981 au premier trimestre 1983. L'inquiétude soulevée par cette situation a conduit la gauche à modifier la politique économique au début de 1983 : l'instauration d'une politique restrictive a accompagné la dévaluation de mars et visait à réduire le déficit externe en comprimant la demande des ménages. C'était la rigueur après la relance. Nous y reviendrons.

Dès ce moment, une gestion davantage maîtrisée de la dette extérieure a été amorcée. En même temps que la réduction des déficits, la politique de leur financement s'est fondée sur un objectif : la reconstitution des réserves de change ; celle-ci s'est effectivement opérée par la substitution du financement à court terme par un financement à long terme, et au sein du financement à court terme par un rôle accru du secteur bancaire, à l'avantage du secteur public. Une telle politique de financement des déséquilibres extérieurs, même réduits, par des ressources longues a contribué encore à accroître l'endettement jusqu'en 1984. La simple lecture des séries statistiques d'endettement (graphique 19) ou d'emprunts internationaux de la France montrait une continuité qui n'en était pas une.

Dollar et dette extérieure

L'endettement s'était d'autant plus accru que les fluctuations des devises y ont largement contribué. Le dollar, monnaie en laquelle l'essentiel du stock de la dette était composé, s'est en effet envolé d'à peine plus de 4 francs à la fin de 1980 à près de 10 francs à la fin de 1984. Même si en période de montée du billet vert peu d'emprunts nouveaux ont été effectués en cette devise, le stock de la dette s'est réévalué mécaniquement. La structure en devises est en effet peu sensible à court terme à la structure des emprunts nouveaux. La part des emprunts en dollars a fortement baissé au profit des

GRAPHIQUE 19. — DETTE EXTÉRIEURE À MOYEN ET LONG TERME DE LA FRANCE EN POURCENTAGE DU PIB

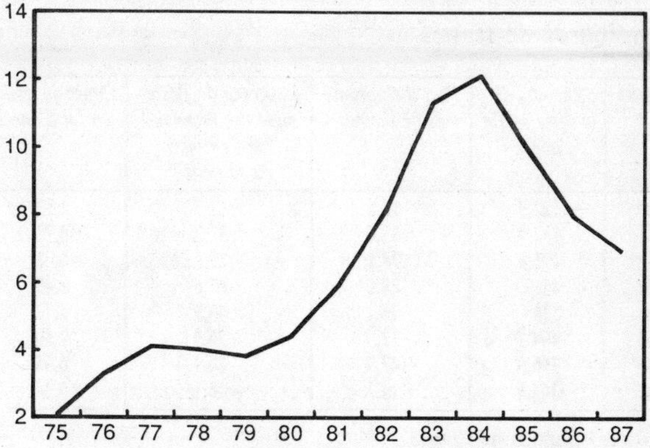

Source : ministère de l'Économie et des Finances.

emprunts en ECU mais la part de la dette en dollars s'est accrue jusqu'à la fin de 1984. En 1985 elle était encore supérieure à 50 %. Le flottement des monnaies explique ainsi 48 % de l'accroissement de la dette en 1981 ; 27 % en 1982 ; 38 % en 1983 ; 53 % en 1984. Cette croissance artificielle s'est inversée rapidement à partir de 1985, la baisse du dollar ayant réduit l'endettement bien au-delà des remboursements d'emprunts en 1986 et 1987 (tableau X). Même en partie artificielle, la montée de la dette a eu de lourdes conséquences sur la charge à payer en intérêts et remboursement du capital, qui a opéré une ponction significative sur le revenu national.

Les emprunts contractés par la France en 1981 et 1982 ont en outre été effectués alors que les taux d'intérêt sur le marché mondial étaient au plus haut. Leur recul à partir de 1983 a fait que les capitaux empruntés antérieurement à taux fixe, et qui constituaient environ la moitié de la dette extérieure, sont devenus très coûteux. C'est pourquoi les entreprises françaises ont restructuré leur dette à partir de 1983 et surtout 1984 en remboursant par anticipation leurs emprunts

TABLEAU X. — DETTE EXTÉRIEURE À MOYEN ET LONG TERME*

en milliards de francs

Années	*Encours de la dette en fin d'année* [1]	*Flux d'emprunts nets de l'année* [2]	*Incidence du flottement des monnaies sur l'encours de la dette* [3]	*Cours du dollar en fin d'année*
1980	122,9	18,0	11,1	4,57
1981	187,7	33,6	31,2	5,72
1982	295,4	78,1	29,6	6,68
1983	451	88,0	67,6	8,40
1984	528	36,1	40,9	9,72
1985	464,7	13,0	−76,3	7,50
1986	396,3	−47,7	−20,7	6,35
1987	365,6	−14,2	−16,1	5,34

Source: Banque de France.

* Le concept d'endettement extérieur correspond à l'encours des emprunts à l'étranger à plus d'un an contractés par des résidents et cédés ou ayant vocation à être cédés sur le marché des changes. Ces emprunts peuvent revêtir la forme soit d'emprunts directs à l'étranger sur les euromarchés ou les marchés étrangers de capitaux (marchés nationaux), soit d'avances en devises à plus d'un an consenties par le secteur bancaire résident à des résidents et n'ayant pas une finalité commerciale. De ce fait, les emprunts en devises réalisés par les banques résidentes pour financer leur activité de prêts en devises à des non-résidents ne sont pas pris en compte.

1. La variation de l'encours de la dette est égale à la somme du flux d'emprunts de l'année et de l'incidence du flottement des monnaies.
2. Tirages bruts *moins* Remboursements.
3. L'incidence du flottement des monnaies est obtenue en considérant la structure en devise de la dette de l'année précédente et en appliquant la variation des taux de change correspondants. Par exemple, la part de la dette en dollars était de 54 % à la fin de 1982, soit 159,5 milliards. L'appréciation de 25,7 % du dollar entre la fin 1982 et la fin de 1983 a conduit à revaloriser la dette de 41 milliards de francs. En tenant compte de la variation des autres monnaies, la dette est réévaluée de 67,6 milliards en tout cette année-là.

pour en effectuer d'autres dans de meilleures conditions. De ce fait, la France est restée un emprunteur important sur le marché mondial des capitaux ; mais depuis 1986 les remboursements dépassent les emprunts : aux remboursements contractuels se sont ajoutés des remboursements anticipés, en particulier de la dette publique presque entièrement remboursée par anticipation en 1986.

Comment juger la gravité d'une dette ?

A la fin de 1982, la dette atteignait 8,1 % du PIB et certains brandissaient les dangers d'une intervention du Fonds monétaire international. A la fin de 1987, elle atteint encore 6,9 % du PIB, mais plus personne n'en souligne le risque car c'est le sens de l'évolution qui importe davantage que le niveau.

Pour se désendetter, il faut bien plus de temps que pour s'endetter car la charge des emprunts effectués dans la période précédente obère les résultats obtenus en matière de rétablissement des soldes extérieurs. Les intérêts s'élèvent en effet de 30 à 40 milliards par an depuis 1983 et les remboursements contractuels de 20 à 30 milliards. De même après le premier choc pétrolier, la dette s'était accrue de 1974 à 1977 et stabilisée ensuite malgré les excédents courants de 1978 et 1979.

La gravité d'une dette peut être jugée techniquement par plusieurs mesures. La plus courante, présentée ici, rapporte la dette au PIB ; elle a le mérite de relativiser les sommes empruntées par la richesse nationale et de montrer que l'endettement français est toujours resté en deçà de celui du Canada et des pays de l'Europe du Nord. Le Sénat a estimé les ordres de grandeurs des stocks de dettes extérieures des pays industrialisés. En 1983, le ratio dette/PIB dépassait 30 % au Canada et dans les pays scandinaves et n'atteignait que 9 % en France. Cette mesure a cependant l'inconvénient d'intégrer l'influence du flottement des monnaies. Moins fréquent, le rapport de la dette aux réserves de devises a l'avantage d'en neutraliser l'effet ; il montre qu'en France le niveau atteint à la fin de 1982 n'a pas dépassé celui de la fin de 1977 et qu'un recul est intervenu dès la mi-1983. Cette mesure est cependant critiquable en ce qu'elle rapporte des dettes à long terme à des ressources à court terme.

Le problème central demeure : pourquoi un pays s'endette-t-il ? S'endetter pour financer des crédits commerciaux à l'exportation ne revient qu'à emprunter pour accroître ses créances sur certains pays. Si la qualité des créances était égale, il s'agirait alors d'un simple jeu d'écriture, ou presque.

L'endettement de la France est en partie fondé sur de tels flux, mais en partie seulement ; le solde des créances et des dettes, positif jusqu'en 1981, est devenu négatif depuis. En outre, une partie de ces créances est douteuse : plus de la moitié des capitaux a été prêtée aux PVD dont la capacité de remboursement est limitée.

S'endetter pour couvrir des déficits de paiements courants est d'une autre nature ; si les déficits sont permanents, trouver des emprunteurs deviendra de plus en plus difficile. C'est loin d'être le cas de la France, dont la qualité de la signature n'a jamais été vraiment mise en cause pour les emprunts longs, même en 1982-1983. La valeur du franc était cependant mise à mal sur le marché des changes jusqu'à l'instauration de la politique de rigueur en mars 1983.

On pourrait pourtant concevoir un choix qui creuse les déficits à court terme pour améliorer la compétitivité à moyen terme. Des investissements massifs dans l'industrie en constituent un exemple. Les emprunts internationaux qu'a contractés EDF à la fin des années soixante-dix pour financer le programme nucléaire en sont un autre : réduisant la dépendance énergétique, ils ont même été encouragés. Il peut donc être efficient de s'endetter. Reste la question des seuils, car ceux-ci ne sont pas déterminés par les gouvernements qui feraient le choix d'un endettement mais par les créanciers qui prêtent les capitaux et par les financiers qui interviennent sur le marché des changes. La non-maîtrise pour la France, contrainte de s'endetter dans la monnaie internationale, du niveau du dollar et des taux d'intérêt comporte des risques, dont on a vu les effets de 1981 à 1983.

L'endettement peut être encouragé, en tant que politique de financement d'un déséquilibre commercial subi ; c'est ce qui fut fait à partir de 1983 quand les emprunts à long terme sont venus non seulement financer les déficits persistants mais reconstituer les réserves de change. Il peut difficilement l'être en tant que politique économique dans un pays qui ne domine pas le commerce mondial si en même temps cette politique souhaite préserver la valeur de la monnaie. En revanche, le délai de résorption d'une dette contractée parce que la reprise mondiale n'était pas au rendez-vous de la relance interne peut être davantage maîtrisé ; vouloir en réduire rapidement l'encours conduit à limiter la croissance en deçà de celle des partenaires. On aboutit alors au paradoxe apparent des pays endettés : pour freiner l'endettement, il faut brider la croissance économique. Des politiques d'ajustement, et non plus simplement de financement, opèrent ces choix par l'ampleur des mesures qu'elles mettent en œuvre. De 1983 à 1985 elles furent massives et la demande intérieure française a progressé sensiblement moins vite que celle des pays industrialisés.

Le contrôle des changes

Le contrôle des changes vise à défendre la valeur du franc. Si les acteurs du commerce international jugent que le franc est menacé et que des risques existent qu'il soit dévalué, ils agiront de sorte à se prémunir, voire à spéculer, ce qui accentue les menaces et déprime davantage la valeur de la monnaie : importations payées plus vite que les exportations, refinancement en devises des prêts à l'étranger, sorties de capitaux. L'excès des ventes de francs contre devises aura ainsi tendance à faire baisser le franc.

Le contrôle des changes limite ces opérations : les délais de règlement à l'importation et à l'exportation ne peuvent être fixés librement par les entreprises, les sorties de capitaux doivent être justifiées auprès des autorités monétaires, la détention de devises est codifiée, voire interdite.

Depuis la fin de 1985, de nombreuses mesures de libéralisation des changes ont été progressivement adoptées, en faveur des entreprises et des particuliers. Le délai de cession des devises par les exportateurs est passé de quelques jours à trois mois, les emprunts en devises à l'étranger sont libres, les investissements directs à l'étranger sont permis sans autorisation préalable, les achats immobiliers à l'étranger sont possibles, les touristes français ne sont plus limités dans leurs dépenses à l'étranger.

A la mi-1988, le contrôle des changes n'est pas totalement démantelé : en principe, la liberté est laissée aux opérations commerciales et financières, sans que les mouvements purement spéculatifs soient permis. La détention de comptes à l'étranger est interdite sauf pour les entreprises importatrices ou exportatrices à hauteur de 25 % de leur chiffre d'affaires en devises, les prêts en francs à des non-résidents ne peuvent excéder le montant de leurs dépôts auprès des banques, les entreprises ne peuvent acquérir de devises pour une somme supérieure à leur risque de change et le délai de cession des devises obtenues des transactions commerciales est limité à trois mois.

II / Les politiques d'ajustement

Les politiques d'ajustement sont de nature différente. Confrontés à un déficit grandissant, les gouvernements sont contraints de dévaluer la monnaie et d'appliquer des politiques restrictives. Ces ajustements de court terme permettent de desserrer passagèrement la contrainte extérieure. Nous l'illustrerons dans la première section par quelques exemples, qui montreront également l'arsenal des mesures ponctuelles dont disposent les politiques économiques : limitation des dépenses des touristes français à l'étranger, contrôle des sorties de capitaux, etc., visant à rétablir l'équilibre des paiements courants et de la balance de base. Des politiques à plus long terme sont aussi mises en œuvre ; elles concernent directement les échanges extérieurs, promotion des exportations et contrôle des importations, ou leurs fondements que sont les structures productives ; c'est l'objet de la seconde section.

1. Le franc et la contrainte extérieure

Les effets d'une dévaluation sont très controversés : sont-ils positifs ou négatifs ? Théoriquement, une dépréciation de la monnaie a des effets positifs et desserre la contrainte extérieure. Le solde commercial, après une phase transitoire de dégradation, se redresse selon un cheminement décrit par la « courbe en J » (voir encadré). En pratique, de nombreuses limitations interviennent pour perturber ce cheminement et ont même tendance à s'intensifier avec l'insertion croissante d'un pays dans le commerce mondial.

Les importations ne sont pas toutes substituables faute de production nationale, notamment pour les matières premières. Pour que l'accroissement des volumes exportés soit possible, il faut que des marges de capacités de production soient disponibles à cet effet ; ce n'est pas toujours le cas. D'autre part, qu'une variation des prix ait un effet sur les volumes exportés est indéniable ; encore faut-il que la marge de fluctuation soit significative. Rien n'est comparable en effet entre une dévaluation de 15 % du franc en 1958 et celle de 3 % en janvier 1987. Il faut enfin que la baisse des prix d'exportation en devises soit effective et cette condition est rarement vérifiée.

Des importations incompressibles...

La part de l'énergie dans les importations s'étant accrue de 1973 jusqu'au contre-choc pétrolier de 1986, une dépréciation monétaire a toujours fortement alourdi la facture énergétique et les importations totales durant cette période (tableau XI).

L'énergie n'est pas seule concernée : bien d'autres matières industrielles ou agricoles sont nécessairement importées. Certains produits industriels le sont aussi, quel que soit leur prix, faute d'équivalent national. La hausse des prix d'achat ne conduit donc pas spontanément à comprimer à terme le volume des importations, une partie d'entre elles étant incompressibles. L'inflation s'en trouve accélérée (inflation importée), ce qui réduit par contrecoup l'avantage compétitif à l'exportation et risque de conduire à une dégradation supplémentaire du solde commercial et à de nouvelles tensions sur le change.

La courbe en J et les élasticités critiques

La courbe en J décrit l'effet d'une dévaluation sur le solde extérieur en valeur

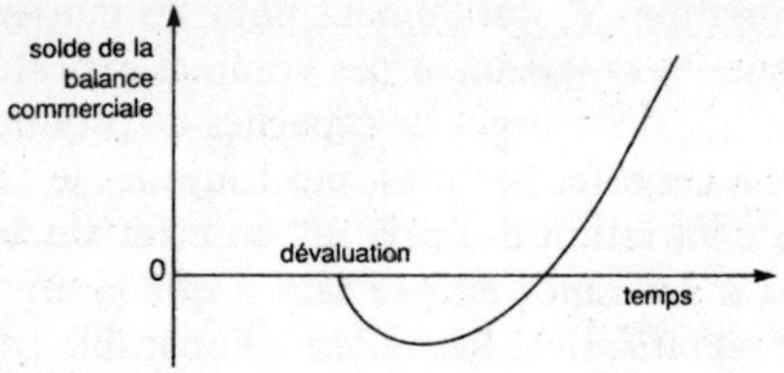

La dévaluation a des effets sur les volumes et sur les prix des produits importés et exportés.

Effet sur les prix: si le franc est dévalué, le prix des importations exprimé en monnaie nationale augmente. Un bien qui vaut 20 dollars est acheté 100 francs si le dollar vaut 5 francs. Il sera acheté 110 francs si le franc est dévalué de 10 % vis-à-vis du dollar (un dollar vaudra 5,50 francs).

Parallèlement, le prix des exportations en monnaie étrangère baisse : un bien qui vaut 50 francs est vendu 10 dollars si le dollar vaut 5 francs. Il sera vendu 9,09 dollars si le franc est dévalué de 10 % vis-à-vis du dollar (un dollar vaudra 5,50 francs).

Les effets-prix sont immédiats : la hausse du prix des importations dégrade le solde extérieur.

Effets sur les quantités: la hausse du prix des importations en monnaie nationale va progressivement réduire le volume des achats à l'étranger car des produits nationaux seront rendus plus compétitifs. Dans le même temps, les quantités exportées vont s'étendre car la baisse du prix des exportations en devises va permettre de conquérir des parts de marché. La baisse des volumes importés et la hausse des volumes exportés vont se combiner et permettre une amélioration progressive du solde commercial, les effets-volumes l'emportant sur les effets-prix. D'où la forme de la courbe en J.

Élasticités critiques: pour qu'à terme les effets-volumes l'emportent sur les effets-prix, il faut que soit vérifié le « théorème des élasticités-critiques » (condition de Marshall-Lerner). L'accroissement des volumes exportés dépend de l'élasticité des exportations aux prix de vente ; par exemple, les volumes exportés ont une élasticité de 0,5 au prix si une baisse de 1 % des prix, consécutive à une dévaluation de 1 %, augmente les volumes exportés de 0,5 % (l'élasticité est le rapport entre la variation en % des exportations en francs constants et la variation en % des prix d'exportation). Symétriquement, la baisse des volumes importés dépend de l'élasticité des importations aux prix d'achat. Si la somme des deux élasticités-prix est supérieure à 1, le théorème de Marshall-Lerner sera satisfait et le solde commercial s'améliorera à terme, à condition que l'équilibre soit au départ atteint.

TABLEAU XI. — EFFET D'UNE DÉPRÉCIATION DU TAUX DE CHANGE SUR LES IMPORTATIONS D'ÉNERGIE
(En millions de francs courants)

	1950	*1960*	*1970*	*1975*	*1984*	*1987*
Importation d'énergie	1 863	5 618	13 267	53 119	216 156	100 632
Effet immédiat d'une dévaluation de 10 % du franc vis-à-vis du dollar [1]						
— en millions de francs	186	562	1 327	5 312	21 616	10 063
— en % des importations totales de marchandises	1,7 %	1,8 %	1,2 %	2,3 %	2,4 %	1,1 %

1. En supposant que le prix mondial de l'énergie est inchangé et que toutes les transactions s'effectuent en dollars.

... aux mesures d'accompagnement des dévaluations

Des mesures d'accompagnement sont en général adoptées pour contenir l'inflation et comprimer le volume des importations. La politique économique d'austérité a pour but de substituer une baisse volontariste des volumes importés à l'absence de baisse spontanée. La demande intérieure est freinée, par restriction du pouvoir d'achat du revenu des ménages (rigueur salariale et alourdissement des prélèvements obligatoires) et des entreprises, la distribution de crédit est limitée, les dépenses publiques sont restreintes. Des mesures favorisant les exportations sont souvent adoptées ; quelques exemples l'illustrent.

Les dévaluations de 1957 et 1958

A partir de 1955, le taux de couverture des échanges extérieurs se dégrade fortement ; l'inflation française du début des années cinquante avait défavorisé les producteurs nationaux dans le commerce international : entre 1950 et 1957, le prix de la production intérieure française s'élève de 18,2 %, celui de la République fédérale d'Allemagne recule de 8,5 % et celui de l'Italie de 6,4 %. La perte de compétitivité qui en découle et les tensions sur les capacités productives qui apparaissent à partir de 1955 expliquent la détérioration du commerce extérieur. A la mi-1957, des mécanismes complexes de taux de change multiples furent mis en place. En août 1957, une réunification des taux fixe la valeur du dollar à 420 F et le franc représente 2,120 mg d'or fin. La dévaluation est de 20 %. Cependant, une libération partielle des prix, strictement contrôlés depuis les ordonnances de 1945, provoque une accélération de l'inflation qui compense presque complètement « l'opération 20 % ». Un plan de redressement est mis en place au printemps 1958 : réduction du déficit budgétaire et du réescompte des crédits à la construction, emprunt public. En décembre 1958, une dévaluation de 15 % est annoncée : la parité du franc est fixée à 1,8 mg d'or fin et le dollar vaut 493,7 francs. Une ordonnance crée le nouveau franc, qui vaut 100 anciens francs. Simple déplacement de virgule, le nouveau franc vaut 180 mg d'or fin.

Le redressement du commerce extérieur est spectaculaire. La compétitivité externe est restaurée alors que la création du Marché commun accélère les échanges et accentue la concurrence. La stagnation du pouvoir d'achat des salariés permet d'améliorer la situation financière des entreprises et le tassement de la consommation conduit à détendre les goulots de production et à réduire la hausse des importations. La croissance du commerce mondial favorise d'autant plus les exportations.

La dévaluation d'août 1969

Durant les années soixante l'effort d'investissement s'intensifie ; mais il n'est pas principalement orienté vers les secteurs exportateurs les plus exposés à la concurrence. La concentration des entreprises semble plus tardive que dans les autres pays d'Europe. Avec la décolonisation, des marchés traditionnels sont perdus, même si l'existence de la zone franc n'est pas remise en cause. Le taux de couverture des échanges se dégrade à nouveau, mais l'équilibre commercial est préservé. L'inflation est proche de celle des partenaires, en particulier depuis le plan de stabilisation de 1963.

Après la crise sociale de mai 1968, les comportements spéculatifs précipitent la crise financière. L'importance des sorties de capitaux contraint de rétablir le contrôle des changes [1]. Mais les termes de paiements se dégradent et les réserves s'amenuisent. Les prémices du dérèglement du système monétaire international favorisent d'autant plus le mark. La forte demande intérieure résultant des hausses de salaires élève les importations et tend les capacités de production. Un premier plan de restrictions internes est adopté à l'automne 1968. Il comporte un renforcement de l'encadrement du crédit, une hausse des taux de TVA, des économies budgétaires.

Le taux de couverture des échanges avec l'étranger continue cependant de se dégrader : la demande interne reste forte et des importations de précaution se produisent, anticipant une prochaine dévaluation et de ce fait la précipitant. Elle est annoncée le 8 août 1969 et atteint 12,5 % : la parité du franc est fixée à 160 mg d'or fin contre 180 précédemment. Le plan de redressement comporte :

• *Un plan de restriction de la demande interne*

— réduction de la demande publique : les administrations doivent réduire leurs commandes et différer leurs recrutements ;
— le déficit budgétaire est d'autant plus comprimé que les taxes sont élevées (automobile et alcool), les acomptes d'impôts majorés pour les entreprises et un prélèvement exceptionnel sur les banques institué ;
— demande des entreprises : leur trésorerie est resserrée par la majoration de l'acompte d'impôt, la date limite de commande de biens d'équipement ouvrant droit à déduction fiscale est avancée de trois mois, le régime fiscal des amortissements est modifié dans un sens moins favorable. L'objectif est de réduire la demande interne d'investissements pour que les producteurs de biens d'équipement se tournent davantage vers l'exportation ;
— demande des ménages : le crédit à la consommation est réduit (durée maximale de quinze mois et réduction de la part

1. En décembre 1967, le contrôle des changes avait été supprimé, après trente années de réglementation. Rétabli à la fin du mois de mai 1968, il fut levé en septembre mais restauré en novembre devant l'ampleur des pertes de devises.

de la dépense qui peut être couverte par le crédit). Le montant de l'apport personnel exigé des acquéreurs de logements sollicitant des prêts à long terme est élevé. Diverses mesures sont destinées à favoriser l'épargne, détourner ainsi les revenus de la consommation et assurer le financement de l'industrie (relèvements de plafonds de dépôts, instauration d'une prime de fidélité pour le livret A, etc.) ;
— le crédit est rationné et les taux d'intérêt des prêts à moyen long terme sont accrus.

• *Un plan de lutte contre l'inflation*

Les prix industriels et les marges commerciales sont bloqués du 8 août au 15 septembre, puis le régime de concertation est rétabli mais renforcé, afin d'étaler dans le temps la répercussion des hausses de prix d'importation. Les propositions de modifications de barèmes doivent être déposées un mois à l'avance.

L'effet positif sur le solde commercial fut évident. Au déficit FAB/FAB de 1969 se substitue un excédent en 1970, qui perdure jusqu'en 1973. La croissance des importations s'est ralentie : 18,3 % en valeur en 1970 au lieu de 32,6 % en 1969 et respectivement 7 % contre 24,8 % en volume. Dans le même temps, la fermeté de la demande internationale et les hausses de prix du commerce mondial ont permis une forte croissance des exportations en valeur : +28,4 % en 1970 après +26,2 % en 1969 obtenus essentiellement dans la seconde partie de l'année. Le maintien, pour l'essentiel, des prix d'exportation en devises permet d'élever les profits des entreprises. Le faible écart d'inflation entre la France et ses partenaires y a incité, les exportateurs n'ayant pas subi de franche détérioration de la compétitivité-prix dans les années qui ont précédé le réaménagement monétaire. A l'inverse de 1957-1958 où les dévaluations ont compensé un écart antérieur de prix et ont davantage contribué à baisser les prix d'exportation en devises qu'à élever les marges.

L'amélioration consécutive de la balance des paiements courants et l'accroissement des entrées nettes de capitaux ont permis la reconstitution des réserves de change. L'inflation ne s'est pas accélérée. A l'automne 1970, la politique économique est de nouveau assouplie, notamment en ce qui concerne la politique du crédit.

La dévaluation de mars 1983 [2]

La dévaluation de juin 1982 (au sein du SME, le franc est dévalué de 5,75 % et le mark réévalué de 4,25 %, soit une dévaluation des cours pivot du franc vis-à-vis du mark de 10 %) marque le premier tournant vers une politique plus restrictive de la gauche : les prix et les salaires furent bloqués de juin à octobre, le taux de TVA était relevé d'un point, des mesures d'économie furent adoptées pour la Sécurité sociale. En mars 1983, un nouveau réalignement monétaire est effectué : le mark est réévalué de 5,5 % et le franc est dévalué de 2,5 %. Les mesures d'accompagnement sont très restrictives, afin de rétablir l'équilibre de la balance des paiements et de stopper le processus d'endettement extérieur. L'austérité s'applique principalement sur les ménages par des prélèvements sur le revenu et une limitation des transferts sociaux. Voici les principales mesures :

— équilibre des comptes sociaux : institution d'un forfait hospitalier ; mise en vigueur d'une cotisation sur l'alcool et le tabac ; report de certaines dépenses de la Sécurité sociale (4 milliards de francs) ; cotisation exceptionnelle de 1 % des revenus imposables ;
— réduction du déficit du budget de l'État et des collectivités locales par annulations ou reports de dépenses ;
— réduction du besoin de financement des entreprises publiques de 12 milliards : sélection accrue de leurs investissements et réduction des dépenses de fonctionnement ; avancement des hausses prévues de tarifs publics ;
— ralentissement de la croissance de la masse monétaire dont l'objectif passe de 10 à 9 % (notamment par un encadrement du crédit accru, sauf pour les exportations) ;
— contrôle des changes pour les opérations de négoce inter-

2. Pour une analyse plus détaillée des trois dévaluations d'octobre 1981, juin 1982 et mars 1983, voir [14].

national et limitation des dépenses des touristes français à l'étranger (carnet de change) ;
— contrôle des prix par une surveillance renforcée du respect des accords de régulation passés entre les professionnels et les pouvoirs publics ;
— incitation à l'épargne (relèvement des plafonds du livret A et mesures en faveur de l'épargne-logement) ;
— émission d'un emprunt obligatoire de 10 % de l'impôt payé en 1982, pour une durée de trois ans (les plus bas revenus sont cependant exemptés).

L'impact de ce plan d'accompagnement a été estimé avec les modèles économétriques. En moyenne, l'effet dépressif sur la consommation est de −0,5 % en 1983 et −0,4 % en 1984 ; de −1,8 % en 1983 et −0,7 % en 1984 pour l'investissement ; de −0,6 et −0,4 % pour le PIB. Ces simulations indiquent, toutes choses égales par ailleurs, l'incidence des mesures restrictives en termes d'écarts par rapport à la situation de référence. La balance commerciale devait être améliorée de 12 milliards en 1983 et 22 milliards en 1984. L'impact des trois dévaluations, difficile à mesurer puisque la deuxième et la troisième reportaient dans le temps l'apparition des effets positifs et pesaient négativement à court terme, était estimé à 11 milliards en 1983.

En pratique, le déficit FAB/FAB passa de 93 milliards en 1982 à 49 milliards en 1983 et 25 milliards en 1984, soit une amélioration de 44 puis de 24 milliards. De la même façon que la dégradation des soldes extérieurs entre 1981 et 1983 résultait à la fois d'une forte demande interne et d'une stagnation du commerce mondial, l'amélioration en 1983 et 1984 résultait de deux évolutions concomitantes : la rigueur a réduit la demande intérieure et les importations, en même temps que la reprise de la demande internationale a favorisé les exportations. Le décalage conjoncturel entre la France et ses partenaires s'est ainsi inversé. Les effets-prix ont conforté les effets des demandes en volume. La balance commerciale est cependant restée déséquilibrée et le déficit induit des paiements courants a continué à étendre l'endettement extérieur.

Une courbe en J, en U en V ou en tôle ondulée

Les effets positifs d'une dévaluation sur le commerce extérieur sont difficiles à mesurer. La seule observation d'une courbe de solde extérieur n'y répond que partiellement car elle résulte de facteurs concomitants.

Les effets-prix et les effets-volumes sont décalés dans le temps et se chevauchent si les dévaluations sont rapprochées. Les mouvements de change sont différents selon les monnaies : le franc peut être dévalué vis-à-vis du mark mais s'apprécier vis-à-vis du dollar. Les fluctuations du commerce mondial déterminent les exportations françaises potentielles, comme celles de la demande intérieure les importations. Enfin, des événements exceptionnels peuvent perturber l'amélioration attendue d'une dévaluation : la montée du dollar avait aggravé la détérioration de la balance commerciale de 1981 à 1983 en alourdissant la facture énergétique ; elle a limité l'ampleur du redressement consécutif à la dévaluation après 1983.

Des travaux ont été menés pour isoler les « effets purs » d'une dépréciation monétaire et répondre à ceux qui désormais en contestent le cercle vertueux au nom des changements intervenus dans l'insertion internationale de la France ; ces changements accentueraient les effets pervers au détriment des effets positifs car la part des importations peu sensibles aux prix s'est accrue et l'ouverture croissante vers l'extérieur a amplifié les effets inflationnistes. La période de l'après-guerre où les dévaluations ont constitué une modalité d'ajustement externe de la France durant sa forte croissance économique et son industrialisation intensive serait révolue.

Des simulations à l'aide du modèle DMS (Dynamique multisectoriel) de l'INSEE ont été effectuées pour mesurer l'effet de dévaluations à des dates différentes, c'est-à-dire en intégrant les transformations structurelles de l'économie française au cours des trente dernières années, en particulier son ouverture croissante et les modifications de la structure des échanges [15]. Seuls les effets purs sont comparés, sans tenir compte des politiques d'accompagnement. Les changements de comportements des agents ne peuvent non plus être considérés dans un exercice de ce type, le modèle étant au contraire fondé sur l'hypothèse d'une stabilité des réactions. L'hypothèse est faite d'une dévaluation générale du franc contre toutes monnaies, afin de comparer des situations identiques. Il a donc été fait abstraction des contraintes liées aux divers régimes de change du franc durant la période. Les principales conclusions sont les suivantes : il n'est pas confirmé que l'évolution des structures d'importation et d'exportation aurait rendu les volumes du commerce extérieur moins sensibles aux variations de prix. Ensuite, du fait de l'ouverture croissante de l'économie française, un ajustement du taux de change est devenu plus coûteux en termes d'inflation mais plus bénéfique en termes de croissance. S'il induit à court terme un déficit extérieur plus important, il permet aussi un redressement plus marqué à moyen terme. Enfin, par rapport aux années soixante, l'ampleur du déficit des échanges extérieurs des années quatre-vingt réduit les effets favorables d'une dévaluation, mais le taux d'utilisation plus faible des capacités de production les amplifie. Les différents modèles économétriques décrivent tous un cheminement semblable, en forme de J, le délai nécessaire à l'amélioration étant cependant différent. En moyenne, il faut un délai d'un an pour qu'une amélioration intervienne, et si l'équilibre commercial existe initialement, il faut attendre la deuxième année pour qu'un excédent apparaisse et la troisième année pour que le déficit cumulé soit annulé.

Des cheminements indicatifs sont ainsi tracés. Mais la rondeur du J et l'ascension de la barre ne sont pas seulement déterminées par l'utilisation des caractères minuscule j ou majuscule J. Une condition n'est plus jamais vérifiée : la dévaluation contre toutes les monnaies. Une autre l'est rarement : la stabilité des comportements de prix.

Dévaluation contre toutes les monnaies ou changes flexibles

Les dévaluations de 1958 et 1969 s'effectuaient d'un même pourcentage vis-à-vis de toutes les monnaies. Depuis que le système monétaire international a instauré le flottement généralisé des monnaies et que le système monétaire européen a été institué en mars 1979, les monnaies européennes sont liées entre elles par des parités fixes : les cours effectifs ne peuvent excéder le cours-plafond ni tomber au-dessous du cours-plancher, défini par une marge de 2,25 % en plus ou en moins du cours-pivot (la marge de fluctuation est plus grande pour la lire).

Mais le taux de change vis-à-vis des autres monnaies, en particulier le dollar et la livre, varie librement. L'impact de plusieurs types de dépréciation du franc (dévaluation générale contre toutes monnaies ; appréciation du mark ou appréciation du dollar, toutes choses égales par ailleurs) a été analysé [16]. L'appréciation du dollar est davantage néfaste : elle s'apparente à la situation d'un choc pétrolier. L'appréciation du mark est la plus bénéfique car la compétitivité industrielle se trouve améliorée sans que la facture énergétique soit alourdie.

Mais au cours des années récentes, il est fréquent que si le dollar baisse, le franc soit menacé vis-à-vis du mark au sein du SME. Si ces menaces conduisent à une réévaluation du mark, les échanges extérieurs ont à subir les effets combinés mais contraires d'une dévaluation du franc vis-à-vis du mark et d'une appréciation vis-à-vis du dollar. Prenons un exemple :

— Situation initiale :

1 $ = 3 DM ; 1 DM = 3 F ; donc 1 $ = 9 F

— dépréciation du $ vis-à-vis du DM qui induit une dévaluation du franc vis-à-vis du DM :

1 $ = 2,5 DM ; 1 DM = 3,5 F ; donc 1 $ = 8,75 F

Dans ce cas la compétitivité française sera améliorée vers la zone mark mais détériorée vers la zone dollar. Or le dollar est la devise principale de facturation des ventes à l'étranger.

La baisse des prix d'exportation est-elle effective et les comportements des exportateurs sont-ils stables ?

Une dépréciation de la monnaie doit théoriquement favoriser la croissance des volumes exportés grâce à une baisse des prix des produits exprimés en devises. En pratique, la dépréciation monétaire n'est que partiellement répercutée sur les

Les monnaies de facturation

Trois monnaies jouent un rôle essentiel dans la facturation des échanges de marchandises : le franc, le dollar et le mark. Cela tient à la répartition géographique de nos échanges, à sa structure par produits, au rôle international de certaines devises (tableau).

• Le franc français est la monnaie principale : il est utilisé pour 60 % des exportations, sans évolution notable depuis quinze ans. Sa part dans les importations s'est fortement accrue et frôle désormais la moitié des achats.

• Le dollar est une monnaie dont le poids s'est régulièrement accru jusqu'en 1984 car il sert à de nombreux échanges, y compris hors des États-Unis. Le pétrole et certaines matières premières (industrielles et agricoles) sont négociés en dollars partout dans le monde. Les transactions avec l'Amérique latine sont presque exclusivement libellées dans la monnaie américaine, qui joue aussi un rôle important dans les exportations françaises, à l'exception des ventes vers la CEE : par exemple, 20 à 30 % des ventes vers les pays socialistes et les pays pétroliers se font en dollars. Depuis 1984, la chute du billet vert a provoqué le repli de cette monnaie dans les échanges en valeur ; ce fut surtout sensible pour les importations car l'effondrement des cours du pétrole est allé de pair. Une tonne de pétrole valait 216,6 dollars en 1984, soit 1 893 francs au taux de change alors en vigueur (8,74 F). En 1986, une tonne était vendue 111,6 dollars et un dollar ne valait plus que 6,93 francs, soit un coût de 733 francs seulement. A consommation constante, la dépense était ainsi réduite de plus de moitié et la part du dollar dans les importations totales reculait.

PRINCIPALES MONNAIES DE FACTURATION DES ÉCHANGES COMMERCIAUX FRANÇAIS
En % du total

A l'importation					*Monnaies*	*A l'exportation*				
1972	*1976*	*1979*	*1984*	*1986*		*1972*	*1976*	*1979*	*1984*	*1986*
31,5	31,5	35,8	39,3	46,5	*Franc français*	59,4	68,3	62,4	61,5	62,9
15,6	29,1	28,7	31,6	19,3	*Dollar US*	10,3	9,4	11,6	17,2	11,7
18	15,2	14,1	11,5	14,9	*Mark*	10,6	9,2	10,2	9,0	10,3

Sources : ministère de l'Économie et des Finances. Douanes.

• Le deutschmark, dont la part avait reculé jusqu'en 1984, a bénéficié depuis du repli du dollar. La République fédérale d'Allemagne est le premier client et le premier fournisseur de la France, le mark est la monnaie de référence dans les échanges franco-allemands (avant le franc) et son usage se répand dans les pays pétroliers. Dans l'industrie, où la place des devises joue un rôle important pour apprécier l'effet des fluctuations du change sur la compétitivité des produits, les importations sont libellées en francs pour 51 %, en marks pour 16 %, en dollars pour 11 %. Quant aux exportations, le franc assure 62 % des transactions, le dollar 12 % et le mark 10 % (en 1986).

Le choix des monnaies de facturation dépend aussi des anticipations sur la tenue des monnaies des contractants (voir encadré sur les risques de change).

prix d'exportation en devises ; mesurés en francs, ceux-ci progressent car c'est l'occasion pour les exportateurs d'accroître leurs marges.

De nombreux éléments viennent conforter l'existence de ce comportement des marges. Des enquêtes tout d'abord. En 1981-1982, une enquête auprès de 80 entreprises représentant environ 15 % des exportations françaises [17] donne des indications sur l'ampleur du phénomène. Le comportement des vendeurs diffère selon qu'ils facturent habituellement en devises ou en francs.

S'ils facturent en devises, 90 % d'entre eux maintiennent constants leurs prix en monnaie étrangère, c'est-à-dire qu'ils ne répercutent pas l'avantage compétitif de la dévaluation et en profitent pour accroître leurs marges. Seuls 10 % d'entre eux baissent leurs prix en devises.

S'ils facturent en francs, 67 % des entreprises maintiennent les prix en francs et font bénéficier le client d'une baisse des prix en devises ; mais 33 % augmentent leurs prix en francs, c'est-à-dire modifient leurs barèmes à l'occasion d'une dévaluation. Si l'on tient compte des parts respectives des exportations facturées en francs (les deux tiers) ou en devises (le tiers), on peut conclure que plus de la moitié des ventes françaises sont renchéries, en francs, lors d'une dépréciation de la monnaie.

Aux éléments d'enquête s'ajoutent les résultats globaux de comptabilité nationale. Dans les branches qui fabriquent des produits manufacturés, on décèle nettement les évolutions divergentes des prix d'exportation et des prix de production (graphique 20) ; de 1977 à 1980, les premiers s'élèvent nettement moins que les seconds ; la forte inflation et la politique économique de maintien d'un franc fort (appréciation réelle du franc vis-à-vis du mark après la mise en œuvre du système monétaire européen) ont contraint les industriels à comprimer leurs marges à l'exportation. Les trois dévaluations faites entre 1981 et 1983 marquent un tournant : les entreprises ont alors l'occasion de reconstituer leurs marges. Le début de la remontée du dollar coïncide avec ces réaménagements de parité au sein du SME et se poursuit jusqu'au début de 1985 ; les prix d'exportation s'accroissent de 57,7 % entre la fin de

GRAPHIQUE 20. — LES COMPORTEMENTS DE MARGES DES ENTREPRISES INDUSTRIELLES

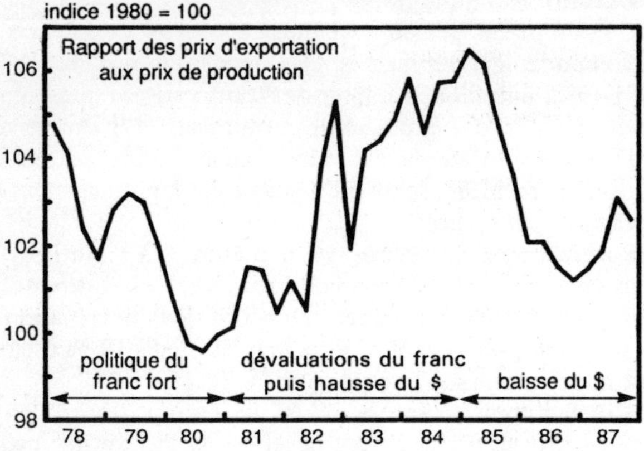

Source : INSEE, Comptes trimestriels.

1980 et le début de 1985, tandis que les prix de production s'élèvent de 47,9 %. La volonté de reconstituer les profits d'exportation fut d'autant plus forte que les prix industriels intérieurs étaient encore largement contrôlés au début des années quatre-vingt et que la situation financière des entreprises était très dégradée.

A partir de 1985 à nouveau, le ratio des prix d'exportation aux prix d'importation recule. Les prix d'exportation ont même baissé en 1986. Les dépréciations du franc à l'intérieur du SME (avril 1986 et janvier 1987) furent d'une ampleur limitée et sont intervenues alors que le dollar chutait. Non seulement vers les États-Unis mais vers toutes les zones où les facturations s'effectuent en dollars, les exportateurs ont été contraints de comprimer leurs prix exprimés en francs. L'amélioration de la situation financière des entreprises et la libération des prix intérieurs y ont incité. La dépréciation d'une monnaie n'est jamais répercutée intégralement en une baisse des prix d'exportation en devises, limitant ainsi l'avantage compétitif désiré par les autorités monétaires, d'où l'inertie des volumes. L'amélioration des performances escomptée en est réduite.

L'ampleur de la répercussion est modulée par de nombreux facteurs et diffère selon les périodes. Les exemples mentionnés plus haut (1957-1958, 1969, 1983) l'illustrent.

On peut récapituler ces facteurs :

1. La situation initiale : si les profits à l'exportation sont au départ très faibles, les exportateurs élèveront davantage leurs prix que s'ils sont déjà confortables.

2. Les écarts d'inflation : si une dévaluation corrige un écart d'inflation antérieur qui avait provoqué une compression des profits d'exportation, elle sera peu répercutée, surtout si la poursuite d'une inflation élevée est anticipée.

3. Le taux de marge intérieur : s'il est élevé, le besoin d'accroître les marges externes sera moins pressant.

4. La situation financière des entreprises en général.

5. Les mouvements relatifs des différentes monnaies : si le franc est déprécié vis-à-vis du mark alors que le dollar fléchit, la possibilité d'élever les prix d'exportation français en République fédérale d'Allemagne est réduite du fait de la concurrence des produits américains. Mais si l'ampleur de la baisse du dollar est telle que les profits vers la zone dollar sont laminés, les exportateurs tenteront de les compenser en élevant leurs marges sur d'autres marchés.

6. La tenue du commerce mondial : s'il est en phase de contraction, la concurrence accrue entre exportateurs limitera la montée des prix.

7. La compétitivité initiale des produits : si les produits sont performants, peu concurrencés par d'autres pays (les producteurs français sont alors « donneurs » de prix), la demande étrangère est peu sensible aux prix (en d'autres termes, elle est « inélastique »). La dépréciation monétaire sera alors peu répercutée. Au contraire, si les exportateurs sont contraints de s'adapter aux prix de la concurrence (ils sont « preneurs » de prix), ils auront davantage tendance à profiter de l'avantage compétitif d'une baisse de prix en devises pour conquérir des marchés.

La hausse des prix d'importation est-elle effective ?

Le comportement qu'on peut déceler chez les exportateurs français n'est pas à sens unique. S'ils montent leurs prix en cas de dépréciation monétaire, ils les compriment en cas d'appréciation. Les entreprises étrangères en font autant. Les produits de base ont été nettement renchéris de 1981 à 1983, mais la hausse des prix des produits industriels ne s'est pas franchement accélérée (tableau XII). C'est qu'en cette période de contraction du commerce mondial, la relance française offrait un débouché digne aux yeux des importateurs de comprimer leurs marges. Et les volumes d'importations n'ont été réduits que lors de l'application du plan de rigueur de 1983. En d'autres termes, la baisse spontanée des achats à l'étranger ne se vérifie pas toujours.

TABLEAU XII. — ÉVOLUTIONS TRIMESTRIELLES DU PRIX DES IMPORTATIONS DE PRODUITS MANUFACTURÉS*
(En %)

1981				*1982*				*1983*			
1	2	3	4	1	2	3	4	1	2	3	4
4,4	3,7	3,3	2,0	3,6	2,8	4,3	3,2	0	3,8	3,9	2,8
Moyenne = +11,9 %				*Moyenne = +13,4 %*				*Moyenne = +11,1 %*			

Source : INSEE.
* Dévaluations en octobre 1981, juin 1982, mars 1983.

Contrainte de change et développement industriel : une monnaie forte est-elle vertueuse ?

Mesurer l'impact d'une dévaluation est important pour apprécier l'effet d'une politique économique. Il en ressort qu'il ne faut plus en exagérer l'efficacité pour rééquilibrer le solde extérieur : l'importance croissante des importations incompressibles, les comportements de marge, l'inélasticité de la demande aux prix en certains secteurs sont autant de limitations.

Le cercle vicieux de la dépréciation du franc est aussi abondamment décrit : en engendrant un surcroît d'inflation, elle conduit à élever les coûts de production (du fait du renchérissement des consommations intermédiaires importées). La compétitivité s'en trouve dégradée et de nouvelles dévaluations correctrices deviennent nécessaires.

La stratégie du franc fort a des vertus médiatiques : l'efficacité d'une politique économique n'est-elle pas jugée au fait d'avoir su maintenir ou, mieux, accroître la valeur de la monnaie ? La dévaluation est à l'inverse perçue comme un échec : dévaloriser la monnaie, c'est dévaloriser l'image du pays ou plus prosaïquement rendre plus coûteuses les vacances à l'étranger ; si le touriste se sent plus pauvre, son pays l'est donc aussi.

Cette politique du franc fort fut appliquée en France de 1978 à 1981 : les parts de marchés à l'exportation des produits manufacturés se sont réduites en Europe et surtout en République fédérale d'Allemagne, le principal client de la France. Pourtant, les excédents allemands n'ont pas cessé de s'amplifier malgré la réévaluation du mark. Son appréciation permet d'accentuer la désinflation, d'où les gains de compétitivité qui améliorent la balance commerciale ; une nouvelle appréciation de la monnaie en découle. C'est l'enchaînement vertueux. Le vice et la vertu ont-ils donc un sens différent sur les deux rives du Rhin ?

La valeur relative d'une monnaie reflète le degré de spécialisation et qualifie la compétitivité d'une économie. Le fait que le mark soit une monnaie forte et le franc une monnaie faible au sein du SME témoigne d'efficacités productives différentes qui découlent de l'ampleur et de l'orientation des efforts d'investissement. Le taux de change est déterminé tendanciellement par les structures de production. De ce fait, la réflexion ne doit pas se limiter à des considérations de court terme, ni se réduire à analyser des changements de parités monétaires correcteurs d'écarts antérieurs d'inflation. Une stratégie du taux de change peut être active et pas seulement défensive. Le taux de change, reflet d'une situation existante, peut devenir un instrument (parmi d'autres) de transformation de cette situation.

La stratégie du franc fort n'est pas vertueuse, du fait de la structure industrielle existante. Le franc fort rend certes les importations moins chères. Mais l'importance des produits banalisés dans les exportations fait que les prix d'exportation sont en grande partie déterminés par ceux de concurrents. La baisse des profits à l'exportation qui en découle va atténuer la désinflation qu'on pouvait espérer de la modération des prix d'importation car une compensation sera recherchée par l'augmentation des prix intérieurs. La compétitivité interne se dégradant, la balance commerciale se creuse et la production se ralentit. Le développement des investissements nécessaires pour améliorer la compétitivité se trouve alors bridé. A l'inverse, dans un pays qui dispose déjà d'une bonne spécialisation, la position dominante dans des secteurs suffisamment nombreux pour qu'ils exercent un effet d'entraînement permet d'atténuer les effets de la baisse des profits d'exportation, sans que les prix intérieurs soient accrus et sans que l'investissement soit atteint par la baisse des profits [18].

L'enchaînement vertueux qu'on peut attendre d'une monnaie forte en certaines économies dominantes ne se vérifie pas ailleurs. Dans les économies souffrant de handicaps structurels, la politique d'une monnaie forte peut aller à l'encontre des objectifs désirés.

Le maintien en longue période d'une monnaie sous-évaluée peut au contraire permettre d'accélérer la phase de restructuration, à condition qu'elle s'accompagne d'une politique industrielle efficace permettant de créer des pôles de compétitivité suffisamment nombreux et donc de lever la contrainte de prix fixés par la concurrence. Les politiques d'austérité accompagnatrices des dévaluations s'en trouvent à terme relativisées.

Au lendemain de la Seconde Guerre mondiale, l'Europe a globalement bénéficié de monnaies sous-évaluées vis-à-vis du dollar. Le plan Marshall d'aides à la reconstruction a alors favorisé un développement industriel puissant, même s'il fut inégal selon les pays.

Dans d'autres circonstances et même si la comparaison est périlleuse, les nouveaux pays industrialisés d'Asie ont bénéficié de monnaies largement sous-évaluées pour leur développement.

Les risques de change

Qu'est-ce qu'un risque de change ?

Toute entreprise engagée sur des marchés internationaux est confrontée à un risque dû à l'évolution des taux de change. Quand un exportateur établit une offre commerciale ou signe un contrat libellé en devises, il ne connaît pas la somme en francs qu'il encaissera à la date convenue. Les fluctuations peuvent être de grande ampleur en l'espace de quelques mois. Un dollar valait 4,73 F en janvier 1978 et 3,99 F en octobre 1978, soit une baisse de 15,6 % en dix mois. Un dollar valait 8,00 F en mars 1984 et 9,42 F en octobre 1984, soit une hausse de 17,7 % en sept mois. De mars 1985 où le dollar s'établissait à 10,11 F à août 1985, la baisse atteignait près de 16 %. Les pertes de change peuvent ainsi ébranler les résultats des entreprises, les gains décupler les profits réalisés.

LES RISQUES DE CHANGE ENTRE LA SIGNATURE DU CONTRAT ET LE PAIEMENT

		Situation	
Situation de départ Taux de change 10 F = 1 unité de devise (μ) Prix du produit exporté (*) 100 F = 10 μ			
		de l'exportateur français	*du client étranger*
1. La monnaie du client est faible Le franc s'apprécie 5 F = 1 μ			
— si facturation en francs	100 F = 20 μ	situation inchangée	paie deux fois plus cher
— si facturation en devises	50 F = 10 μ	reçoit moitié moins du prix de son produit	situation inchangée
L'exportateur français a intérêt à facturer en francs.			
2. La monnaie du client est forte Le franc se déprécie 20 F = 1 μ			
— si facturation en francs	100 F = 5 μ	situation inchangée	paie moitié moins cher
— si facturation en devises	200 F = 10 μ	reçoit deux fois le prix de son produit	situation inchangée
L'exportateur français a intérêt à facturer en devises.			

* Les risques de change pour les importations sont symétriques.

A l'importation comme à l'exportation, le franc reste la monnaie majoritaire des échanges, mais le développement des échanges en devises est inéluctable sur le plan commercial. Et les intérêts du vendeur et du client sont opposés (voir tableau). Lorsque la facturation se fait en francs, le risque de change disparaît pour l'entreprise française et il est reporté sur le client étranger ; celui-ci l'acceptera d'autant moins que sa propre monnaie est en position de faiblesse. Lorsque la facturation se fait en devises, l'entreprise française supporte le risque de change, contre lequel elle va tenter de se prémunir.

Les couvertures traditionnelles contre le risque de change

• *Des clauses de change contractuelles.* — Si l'entreprise n'a pas réussi à négocier une facturation en francs, elle peut négocier une « clause de change » introduite dans le contrat. La clause peut être « fixe » : la devise est considérée à la parité fixe de x francs la clause peut aussi fixer « des seuils » : la devise est considérée à sa parité du jour de la signature du contrat et seule une variation supérieure à x % sera répercutée. Ces clauses sont désormais rares car elles reportent le risque de change sur l'acheteur, comme si la transaction était effectuée en francs.

• *La couverture de change à terme.* — L'exportateur vend à terme sa créance en devises, c'est-à-dire qu'il vend à sa banque dès la signature de sa transaction commerciale les devises qu'il encaissera lors de la livraison des marchandises. L'exportateur est donc assuré que le taux de change du contrat est bien celui de l'encaissement. Son contrat de change avec le banquier fixe la date de réception des devises et la parité à laquelle elles seront alors achetées par la banque. Celle-ci, en s'engageant à livrer une somme convenue en francs, assume le risque de change. Cette procédure est impérative lorsque existe un contrôle des changes : l'exportateur doit vendre ses devises avant de les avoir reçues (cession anticipée des devises).

• *Les avances en devises.* — A la fois technique de couverture et méthode de financement, l'avance en devises permet à l'entreprise d'emprunter à sa banque le montant de sa créance en devises et à céder les devises obtenues contre des francs.

• *La couverture du risque de change par la COFACE* (Compagnie française d'assurance pour le commerce extérieur). — Si le contrat ne peut être conclu en francs ni couvert à terme, la COFACE garantit le risque de perte au-delà d'un certain seuil de fluctuation des taux de change ; en cas de gains de change, l'entreprise le reverse à la COFACE.

Les marchés à terme d'actifs financiers

L'assouplissement du contrôle des changes en France a permis le développement de marchés à terme d'actifs financiers. Un importateur ou un exportateur peut acheter une option sur devises : après paiement d'une prime, elle lui donne le droit d'abandonner ou de confirmer l'achat ou la vente de devises dont le cours est préalablement fixé, et ce durant toute la vie de l'option. L'entreprise profite d'une évolution favorable des taux de change (son gain est cependant diminué du paiement de la prime) et limite sa perte à la prime en cas d'évolution défavorable. Elle gère ainsi son risque de change. D'autres types de couvertures à l'image des marchés à terme de marchandises se développent pour les devises.

Gérer le risque de change ?

La couverture du risque de change est une protection : elle est une stratégie de non-risque, où l'objectif de l'entreprise n'est pas de chercher des profits spéculatifs, mais de réaliser sa marge commerciale quels que soient les aléas monétaires. Avec le développement des options, on passe d'une couverture contre la volatilité des taux de change à une stratégie active permettant d'assurer à la fois protection et bénéfices sur les marchés des changes.

Une entreprise ne gère pas le risque de change pour chaque transaction commerciale, mais elle gère sa position de change, c'est-à-dire le solde des créances et dettes pour chaque devise. Les directions de trésorerie prennent ainsi une place croissante dans les grandes entreprises. Parallèlement, le termaillage s'est développé avec la place croissante des firmes multinationales dans le commerce mondial ; il consiste à modifier les dates de paiement et d'encaissement des transactions commerciales et les dates de transformations des devises en monnaie nationale pour bénéficier des changements de parités. Les entreprises d'un même groupe sont bien sûr plus à même de décaler les dates d'opérations (soit en les anticipant, soit en les reportant).

L'appréciation d'une monnaie est vertueuse si elle permet de préserver ou d'étendre des pôles de compétitivité existants. L'enchaînement vertueux devient pervers si la spécialisation est au départ inadéquate. La dépréciation sera alors bénéfique car elle pourra permettre la modernisation des conditions de production. Mais celle-ci est rarement spontanée. Le risque existe toujours qu'une monnaie sous-évaluée donne aux entreprises vétustes des profits éphémères et ralentisse les efforts de rationalisation, qu'une politique industrielle sélective peut favoriser.

On est loin de la courbe en J, dont la forme ne doit pas être considérée comme une référence universelle.

La stratégie du taux de change doit être analysée du point de vue de ses implications sur les échanges extérieurs et la spécialisation industrielle. Chaque gouvernement n'en a cependant pas toujours la maîtrise ; le rôle international des monnaies diffère et l'internationalisation des systèmes financiers réduit les marges de manœuvre des fixations nationales des taux de change.

2. Les politiques commerciales

Les aides à l'exportation : de l'information aux aides financières

Instrument privilégié de la politique du commerce extérieur, les aides à l'exportation, qui revêtent de multiples formes, ont été progressivement modifiées pour s'adapter aux différentes orientations des échanges et à la modification de la structure des marchés. Trois organismes créés au lendemain de la Seconde Guerre mondiale constituent l'ossature du dispositif de soutien : le Centre français du commerce extérieur (CFCE), la Banque française du commerce extérieur (BFCE) et la Compagnie française d'assurance pour le commerce extérieur (COFACE).

Le CFCE a essentiellement un rôle d'information et de promotion : il met à la disposition des exportateurs des informations sur les marchés étrangers, les normes en vigueur dans les pays, les réglementations bancaires et fiscales. Les postes d'expansion économique à l'étranger, qui sont, comme le CFCE, sous la tutelle du ministère du Commerce extérieur, constituent une source directe d'informations. Des actions de prospection et de promotion à l'étranger sont également menées. Des organismes plus spécialisés complètent ces actions en ce qui concerne les normes et la mise en conformité des produits français (NOREX) ou en organisant les contacts entre les entreprises françaises et étrangères dans le cadre de programmes gouvernementaux (ACTIM).

Le volet le plus important du soutien reste cependant l'aide financière directe ou indirecte, qu'il s'agisse des bonifications de taux d'intérêt, des systèmes d'assurance et de garantie et des prêts à long terme aux États étrangers.

Les exportations ont été dopées par des crédits bonifiés...

La BFCE assure d'abord un rôle commercial classique en accordant divers concours bancaires : crédits de trésorerie, mobilisation de créances nées à l'exportation, crédits de préfinancement, avances en devises, crédits à moyen et long terme. Parmi les crédits à moyen et long terme, on distingue les « crédits-acheteurs » et les « crédits-fournisseurs ». Le crédit-acheteur est accordé par une banque au client étranger ayant conclu un contrat portant sur des biens d'équipement ou des services d'ingénierie pour lui permettre de payer au comptant l'exportateur français. Le crédit-fournisseur est accordé à l'exportateur français qui a consenti à son client un délai de paiement. Le crédit-acheteur, mis en place en 1966, est depuis 1978 davantage utilisé que le crédit fournisseur.

Lors des périodes d'encadrement du crédit, les crédits à l'exportation ont toujours bénéficié de mesures plus favorables, voire même étaient complètement désencadrés. Dans sa mission publique, la BFCE intervient par l'octroi de crédits à taux privilégiés, en francs ou en devises. Un crédit est à taux privilégié si son taux d'intérêt est inférieur à celui du marché ; la différence, qu'on appelle bonification, est prise en charge par le budget de l'État par l'intermédiaire de la BFCE ou de la Banque de France. Les crédits-acheteurs et fournisseurs peuvent ainsi être aidés s'ils bénéficient d'une bonification de taux d'intérêt ou libres s'ils sont accordés au taux du marché.

Le crédit bonifié à l'exportation est un mécanisme qui permet aux fournisseurs français de proposer à leurs acheteurs étrangers des crédits à des taux compétitifs, c'est-à-dire proches de ceux fixés par le « consensus de l'OCDE ». Les 22 pays signataires de ce consensus harmonisent en effet depuis 1976 les conditions financières dans lesquelles les pays industrialisés accordent des crédits commerciaux bonifiés aux pays tiers. Une façon d'éviter, théoriquement, que les pays prêteurs ne se livrent à une guerre commerciale permanente à coups d'aides publiques. La matrice de l'OCDE fixe des taux minimaux selon la durée du prêt et les pays ; ceux-ci sont classés en trois groupes : les pays relativement riches, les pays intermédiaires et les pays relativement pauvres, selon leur PNB par habitant. Les taux d'intérêt sont révisés tous les six mois en fonction des taux sur le marché international. Mais les pays dont les taux nationaux sont inférieurs aux taux du consensus peuvent accorder des crédits à ces taux plus bas puisque l'OCDE ne régit que les crédits aidés. Les taux d'intérêt français étant en règle générale supérieurs à ceux du consensus, l'État a « bonifié les taux », c'est-à-dire accordé des subventions ; celles-ci dépendent de façon mécanique du taux du marché monétaire et de l'encours des crédits commerciaux. Du fait de la politique volontariste d'orientation des exportations vers les pays pétroliers et de la croissance des grands contrats d'équipement, le volume des crédits bonifiés s'est vivement accru ; la charge budgétaire est ainsi passée d'à peine plus de un milliard de francs en 1974 à 13,4 en 1982 (voir tableau XIII). Depuis 1983 et tout particulièrement depuis 1985, le coût pour l'État s'est allégé pour plusieurs raisons ; les taux du consensus ont été relevés tandis que les taux d'intérêt français s'abaissaient avec la désinflation : le différentiel supporté par les pouvoirs publics s'est donc amenuisé. La Banque de France [3] a

---

3. « La distribution des crédits à taux préférentiel », *Bulletin trimestriel de la Banque de France*, mars-avril 1987.

TABLEAU XIII. — LES AIDES À L'EXPORTATION
(En milliards de francs)

	1974	*1980*	*1982*	*1987 provisoire*
Bonifications de taux d'intérêt BFCE et Banque de France	1,3	6,2	13,4	3,7
Garanties COFACE	0,7	3,0	1,3	5,9
dont assurance-crédit	(ε)	(2,1)	(0,6)	(4,2)
Dons et prêts du Trésor	0,4	1,0	2,2	4,2
Autres	—	0,5	0,1	0,3
Total	*2,5*	*10,7*	*17,0*	*14,1*

Source : Budgets et rapports de la commission des Finances de l'Assemblée nationale.

estimé les taux moyens des crédits à taux préférentiels depuis 1977 et mesuré l'écart avec le taux de base bancaire, indicateur de taux du marché ; proche de 2 % jusqu'en 1979, cet écart s'élève en 1980 et 1981 pour atteindre 5,8 %, puis recule à partir de 1982 ; il est depuis 1985 inférieur à 1 %. La remontée des taux du consensus ayant abouti à les rendre inattractifs vis-à-vis des taux nationaux de pays comme la République fédérale d'Allemagne, le Japon ou la Suisse, les pouvoirs publics ont par ailleurs favorisé les crédits en devises qui permettent aux exportateurs français d'offrir des conditions financières concurrentielles.

Le soutien public au financement pour les crédits vers les pays les plus riches a été supprimé en France à la fin de 1985. En juillet 1987, l'OCDE a étendu cette mesure à l'ensemble des pays membres du consensus et le gouvernement français a décidé une nouvelle étape de débonification des crédits en supprimant le soutien aux prêts destinés aux pays intermédiaires. Le recul du volume des prêts nouveaux à taux préférentiel et le tassement de l'encours des crédits auquel il conduit progressivement sont allés de pair avec la réduction du différentiel des taux, ce qui a abouti à diviser par trois le coût des bonifications entre 1983 et 1987. La préoccupation de contenir la charge budgétaire liée aux crédits privilégiés et de banaliser la distribution de ces crédits n'a d'ailleurs pas concerné seulement les crédits à l'exportation mais aussi les crédits à l'investissement et au logement.

... des assurances et des garanties...

La COFACE assure trois types de services, en plus du risque de change, déjà commenté. L'assurance-crédit permet aux entreprises et aux banques d'être assurées contre les risques de fabrication (arrêt de production ou interruption de marché) et contre les risques de crédit (non-paiement) en cas de difficultés financières des pays clients, que les risques soient d'origine politique ou commerciale; la COFACE indemnise alors les entreprises et l'État assure l'équilibre de gestion de la COFACE.

- La garantie de risque économique, spécifique aux grands contrats d'équipement, couvre les entreprises contre la hausse des coûts de fabrication des marchés d'exportation conclus à prix ferme (ou à prix révisable plafonné) lorsque l'exécution du contrat s'étend sur plus d'un an.
- L'assurance-prospection et l'assurance-foire couvrent les risques commerciaux encourus lors de la prospection de nouveaux marchés étrangers et les frais des manifestations commerciales agréées.

La COFACE garantit ainsi un tiers environ des exportations françaises, dont 20 % des ventes de biens de consommation et 50 % des ventes de biens d'équipement. Son rôle est en réalité encore plus important si on le rapporte aux opérations impliquant un risque réel. L'encours des crédits garantis atteint environ, en 1987, 500 milliards de francs, pour moitié des commandes en cours d'exécution et des contrats achevés. L'assurance-crédit est la plus coûteuse et son poids continue de s'élever du fait de la progression rapide des indemnisations consécutives à la crise mondiale de l'endettement des pays en développement. Le coût budgétaire apparent est sans rapport à la réalité, l'opacité étant de règle en la matière. En 1987, 24 milliards de francs dus par des clients n'ont pas été payés, après 19 en 1986 et 15 en 1985. Les primes d'assurances n'en couvrent qu'une petite partie (6 milliards en 1987), le reste étant financé par le budget ou la BFCE. Depuis plusieurs années, en effet, la BFCE émet des emprunts pour financer les défaillances de paiements, ce qui reporte sur les années ultérieures la charge normalement inscrite au budget de l'année. Ainsi, les comptes de l'assurance-crédit ont été formellement excédentaires en 1984 et 1985, la charge budgétaire étant neutre (1985) ou même bénéficiaire (1984) ! En 1986 et 1987, la montée des sinistres et l'impossibilité d'avoir un recours croissant au refinancement de la BFCE conduisent à élever le coût budgétaire : 2,8 milliards en 1986 ; 4 en 1987 alors qu'un milliard seulement était inscrit dans la loi de finances initiale ; 10 en 1988 alors que 2 milliards étaient prévus initialement. Malgré son alourdissement le coût budgétaire est bien en deçà du coût réel.

... et des aides publiques aux pays clients

Les prêts du Trésor à des États étrangers constituent un levier puissant pour le développement des exportations en même temps qu'un instrument de l'aide publique au développement. Consentis à bas taux d'intérêt (2 à 3 %) pour de longues durées (quinze à trente ans), ils sont le plus souvent associés à des crédits à l'exportation, s'intégrant dans des protocoles dits de « crédits mixtes » destinés à financer les grands contrats de biens d'équipement. Les dons commerciaux associés à des protocoles d'État à État complètent ces montages financiers, les pays bénéficiaires ayant alors obligation d'acheter à la France. Ainsi, les entreprises exportatrices ont été soutenues par toute une panoplie de moyens : solvabilisation des pays acheteurs par des aides en contrepartie de commandes, crédits à taux bonifiés pour les exportateurs afin qu'ils offrent des conditions de financement concurrentielles, transfert des risques commerciaux à la puissance publique. L'efficacité fut évidente. Mais la recomposition du commerce mondial à partir du début des années quatre-vingt a conduit à infléchir la politique d'aides à l'exportation. Les réglementations de l'OCDE visant à décourager les mixages superbonifiés en les rendant très coûteux imposent désormais que 35 % des crédits mixtes (au lieu de 25 % à la fin de 1987) soient constitués de dons ; elles contribueront au même résultat.

Le redéploiement du soutien public

A partir de 1982, le soutien public a changé d'orientation : l'objectif est de favoriser le commerce courant par opposition au commerce des grands contrats. L'action des organismes publics doit se concentrer sur les marchés de l'OCDE et l'accès des petites et moyennes entreprises aux dispositifs d'aides est favorisé. L'assurance-prospection et l'assurance-foire comportent désormais des procédures simplifiées à destination des PME. Des aides fiscales pour les implantations à l'étranger, notamment commerciales, ont été instituées en 1986 et des prêts permettent de financer ces investissements. Le Comité pour le développement du commerce extérieur (CODEX) coordonne l'ensemble des aides publiques en faveur de la prospection et de l'implantation ; l'essentiel de ses interventions concernent des PME. Moins coûteuse que la politique d'aide aux grands contrats d'équipement, cette politique a réduit le coût budgétaire du soutien (tableau XIII). Mais celui-ci supporte encore le poids des orientations passées.

Du contrôle des importations...

Le protectionnisme a une connotation négative. Toutes les économies se défendent d'être protectionnistes et pourtant elles le sont à des degrés divers. Certes le développement des échanges mondiaux s'est fondé sur un tout-puissant libre-échange. Le GATT (General Agreement on Tariffs and Trade) à partir de 1947 et la CEE à partir de 1957 ont conduit à une réduction progressive des barrières tarifaires. Le protectionnisme des droits de douane a aujourd'hui presque disparu dans les pays industrialisés. Encore qu'il surgisse parfois sous prétexte de *dumping* de la part des importateurs ou de l'existence de subventions dans les secteurs fournisseurs. La « guerre des pâtes alimentaires » menée par les États-Unis à l'encontre de la CEE en 1985 a consisté à majorer les droits de douane en rétorsion du régime préférentiel accordé par la CEE aux agrumes méditerranéens. Celle-ci a alors accru les taxes sur des produits alimentaires importés des États-Unis.

D'escalade en riposte, la liste des exemples d'un protectionnisme « classique » serait longue. Mais ils sont davantage ponctuels que permanents. Plus fréquentes sont les formes non tarifaires de la protection : le contingentement des importations, la préférence nationale pour les marchés publics, les subventions aux secteurs les plus exposés à la concurrence sont autant de boucliers dans le combat commercial. Même les normes, censées protéger les consommateurs par un contrôle de la qualité et de la sécurité, peuvent devenir un instrument de limitation des importations : des spécifications techniques propres à chaque pays compliquent en effet la tâche des exportateurs contraints de s'y adapter. L'AFNOR (Association française de normalisation) a chiffré à 400 000 le nombre de documents normatifs existant actuellement dans le monde et chaque document a en moyenne 8 pages en Allemagne, 12 pages en France.

Du fait de sa participation à la CEE, la France est relativement peu protectionniste, mais elle l'est. L'instauration d'un centre de dédouanement des magnétoscopes à Poitiers en 1982, destiné à ralentir le rythme des importations, avait fait grand bruit, mais n'était que provisoire.

Depuis, des quotas d'importations de matériel hi-fi sont périodiquement fixés aux importateurs du Sud-Est asiatique, souvent avec l'accord de la Commission de Bruxelles. L'électronique grand public n'est pas le seul secteur concerné puisque l'automobile bénéficie aussi de contingentements d'importations : la France impose aux constructeurs japonais de ne pas dépasser 3 % du marché intérieur et souhaite même inclure dans ce quota les voitures fabriquées en Europe par les Japonais et exportées en France.

Dans l'ensemble cependant, les protections, quand elles existent, concernent plus l'Europe vis-à-vis du reste du monde que la France au sein de l'Europe. Pour reprendre l'exemple de l'automobile, les Japonais fixent des plafonds d'exportations en Europe (et ne les détournent qu'en s'implantant localement). Les « accords multifibres » qui régissent le commerce international du textile et de l'habillement depuis 1974 sont périodiquement renouvelés : ils protègent les marchés américain et européen des importations en provenance des pays en développement par un contingentement des quantités importées. Dans la sidérurgie, la CECA (Communauté économique du charbon et de l'acier) établit des règles strictes, à la demande des pays membres, pour juguler les achats en provenance des pays tiers et garantir les prix intérieurs à la Communauté. Ces exemples, parmi d'autres, démontrent que le protectionnisme peut exister même si l'on adhère aux principaux traités de libre-échange.

... à la politique industrielle

Le débat sur la reconquête du marché intérieur resurgit chaque fois qu'un déficit extérieur se creuse. Elle peut être civique — acheter français —, volontariste — améliorer la compétitivité de l'industrie française —, autoritaire — limiter les importations en provenance de pays dont la concurrence est déloyale.

Les dangers d'un protectionnisme unilatéral sont souvent décriés : les réactions en chaîne qu'il provoquerait seraient de nature à restreindre le volume des échanges mondiaux : or à quoi sert d'importer moins si l'on exporte moins en parallèle ?

Ce danger existe assurément : sans aller jusqu'au repli du volume des échanges mondiaux, des protections nationales accrues conduiraient immanquablement à des ripostes des pays clients, qui sont aussi les principaux fournisseurs. L'efficacité sur le solde commercial serait d'autant plus limitée que la majeure partie des importations françaises n'est pas, on l'a vu, constituée de biens finals mais de composants destinés à la production qu'on cherche précisément à relancer par de telles mesures.

Son seul fondement est alors la protection ponctuelle de secteurs en restructuration. Mais comme la sous-évaluation éventuelle du franc, elle ne peut être spontanément efficace et doit s'accompagner d'une politique industrielle qui modifie la structure des appareils productifs. C'est sinon l'effet inverse qui surviendra : abritée derrière des protections étanches, l'industrie opérera de moindres efforts de rationalisation.

L'efficacité des politiques d'ajustement se situe donc nécessairement du côté des causes et non des effets. Le mode de spécialisation étant à l'origine des contre-performances du commerce extérieur, c'est lui qui doit être transformé pour améliorer les résultats externes. Le taux de change, la promotion des exportations et la limitation des importations sont des instruments, certes efficaces s'ils sont conçus comme tels, mais dont les effets sont éphémères, voire néfastes, si, au contraire, d'instruments ils deviennent des politiques d'ajustement à part entière.

Conclusion de la deuxième partie

L'insuffisante compétitivité de l'économie française, principalement de son industrie, contraint la politique économique à ne pas se distinguer de celle des pays concurrents. Lorsque des objectifs internes de croissance sont fixés et qu'ils excèdent ceux de l'étranger, la dégradation des soldes extérieurs vient vite rappeler que des limites existent et qu'elles ne peuvent être transgressées. Le résultat est le même, que la politique menée soit explicitement une politique de relance économique (1975) ou qu'elle soit une politique sociale de redistribution des revenus, qui provoque une reprise de la demande (1981). Tout dépend cependant du dynamisme du commerce mondial du moment. La gauche en a fait l'amère expérience en 1982-1983, les politiques restrictives des principaux pays de l'OCDE ayant coïncidé avec la relance Mauroy. Un processus d'endettement extérieur en a résulté qui n'a pu être interrompu que par un revirement de la politique économique et sociale. La dévaluation de la monnaie, qui est en règle générale davantage subie que voulue, peut être un instrument à court terme de résorption des déficits extérieurs. Elle doit alors aller de pair avec d'importantes mesures restrictives pour être efficace. Mais le taux de change peut aussi devenir un instrument de transformation des structures productives ; en ce sens, la politique du change est aussi une politique de long terme, à condition qu'une politique industrielle soit menée simultanément. De défensive, la stratégie peut ainsi devenir active.

Conclusion : gérer ou lever la contrainte extérieure ?

La contrainte extérieure de la France naît de son type d'insertion dans le commerce international car c'est le prix à payer du handicap de la compétitivité. Il en résulte que la France ne peut progresser au mieux qu'au rythme de son environnement. Le « réglage conjoncturel » est une politique de court terme quand il s'agit de résorber des déficits des paiements courants déjà acquis ; la demande doit alors être bridée en deçà de celle des pays partenaires. Mais le « réglage conjoncturel » est aussi davantage : une politique durable qui vise à maintenir la croissance en harmonie de celle de l'étranger. Les implications sont importantes.

Dans les pays dont la population stagne, voire même régresse comme en République fédérale d'Allemagne, la consommation individuelle peut s'élever sans que la consommation totale progresse. Ce n'est pas le cas de la France où la population s'accroît. Le maintien d'une consommation intérieure en phase avec celle des pays voisins se traduit donc par une évolution plus défavorable du niveau de vie par habitant.

L'accroissement de la population implique aussi que le chômage s'aggrave en deçà d'un seuil de croissance de l'activité de l'ordre de 3 % car alors l'emploi régresse. A l'inverse, le chômage peut reculer dans certains pays même si la croissance est faible.

Les comparaisons internationales de variations de

demande intérieure et de niveaux de chômage sont de ce point de vue insuffisantes et la convergence des politiques économiques, souhaitée par leurs responsables, masque les différences des pays auxquels elles s'appliquent.

Gérer la contrainte extérieure, c'est-à-dire maintenir les déficits dans les limites jugées supportables par les opérateurs financiers, revient donc à osciller entre la recherche d'un équilibre instable des échanges extérieurs et la recherche d'une stabilité sociale. Or il est difficile de faire autrement que la gérer quand la spécialisation industrielle est insuffisante et qu'un retard technologique a été accumulé. C'est donc sur ce plan que la contrainte extérieure peut être levée. Favoriser les exportations par de multiples garanties, limiter les importations par des barrières formelles et informelles ne sont efficaces que le temps de leur existence si l'effort d'investissement ne vient favoriser la compétitivité des secteurs les plus exposés à la concurrence. C'est donc hors des échanges extérieurs proprement dits que se forgent ces échanges : la contrainte extérieure, née d'appareils de production inadaptés, ne peut être desserrée que par l'amélioration de leur efficacité.

L'enjeu est essentiel dans la perspective du marché unique européen de 1993. Certes le choc ne sera pas de l'ampleur de celui de 1957 car le démantèlement des barrières douanières a déjà été réalisé. Mais l'harmonisation des normes, l'ouverture des marchés publics à tous les fournisseurs européens, davantage de concurrence dans les services et l'harmonisation des taux de TVA contribueront à accentuer la concurrence. L'avantage technologique submergera rapidement les marchés encore captifs ou protégés. L'adaptation au choc de 1958 s'est bien opérée ; mais les bilans globalement positifs révèlent toujours des zones d'ombre : ce fut, dans ce cas, le déclin d'industries mal préparées à affronter une compétition accrue. Préparer davantage l'industrie française au choc de 1993 implique, au-delà des mots, de creuser à court terme le déficit extérieur par des importations accrues de biens d'équipement, conséquence inéluctable d'une forte progression de l'investissement.

Lexique

1. Solde commercial: Exportations — Importations de marchandises.

2. CAF et FAB

• Importations CAF. Les importations sont recensées d'après leur valeur en douane sur la base des factures CAF (coût, assurance, fret), c'est-à-dire qu'au prix du produit lui-même sont ajoutés les frais de transport et d'assurance qui ont été nécessaires pour l'amener à la frontière française (CAF se dit CIF en anglais).

• Exportations FAB. Les exportations sont recensées d'après leur valeur en douane sur la base des factures FAB (franco à bord), c'est-à-dire y compris les frais de transport jusqu'à la frontière française, à l'exclusion de ceux qui sont encourus hors du territoire national pour acheminer la marchandise jusqu'au destinataire (FAB se dit FOB en anglais).

Deux soldes sont calculés :

— le solde FAB/CAF déduit les importations CAF des exportations FAB ;

— le solde FAB/FAB déduit les importations FAB des exportations FAB.

Les importations FAB sont obtenues en multipliant les importations CAF par un coefficient (dit de passage FAB/CAF), de 96,9 % en 1987. Celui-ci traduit le coût de l'assurance et du fret. Le solde FAB/CAF reflète le mieux le coût effectif des échanges extérieurs. Le solde FAB/FAB, plus favorable que le précédent, traduit la dépendance effective d'une économie vis-à-vis de l'extérieur.

La correction est effectuée sur l'ensemble des marchandises, toutes zones confondues. Les soldes par produits ou par pays sont donc toujours des soldes FAB/CAF, qu'on ne peut donc comparer qu'au solde global FAB/CAF.

3. *Matériel militaire*

La destination géographique des ventes d'armes étant confidentielle, les statistiques ventilées par zones et pays excluent toujours le matériel militaire. Les statistiques par produits précisent en général si elles l'incluent où non. Si c'est le cas, l'armement fait partie des biens d'équipement.

4. *Valeur, volume et prix*

Les séries sont dites en valeur si elles sont exprimées en francs courants. Elles font l'objet d'une décomposition en prix et volumes. Les prix sont en réalité des valeurs unitaires, obtenues en divisant les valeurs par les quantités physiques (tonnes ou nombre d'objets) pour chacun des produits puis agrégés par grandes branches. Les volumes sont obtenus en rapportant les valeurs aux indices de prix. Les volumes sont donc des données en valeur déflatées des prix, c'est-à-dire des données en francs constants.

Les statistiques en valeur et en volume peuvent être présentées en indices ou en francs, de l'année en cours pour les séries en valeur, d'une année donnée, par exemple 1980, pour les séries en volume. On dit alors que ces dernières sont exprimées « au prix de 1980 ». Les prix sont toujours exprimés en indices, par exemple 1980 pour les données actuelles du commerce extérieur de la France.

Un exemple : les exportations de marchandises étaient de 863,6 milliards de francs en 1986. Au prix de 1980, elles étaient de 551,8 milliards de francs. L'indice de prix était de 156,5 sur une base 100 en 1980 (863,6 = 551,8 × 1,565).

5. *Quelques ratios usuels*

- *Taux de couverture* = (exportations/importations) *100.

— Taux de couverture en valeur : les exportations et les importations sont exprimées en francs courants. De la même façon que pour les soldes, deux taux de couverture (FAB/FAB et FAB/CAF) sont calculés. Un taux de couverture FAB/CAF traduit l'équilibre des échanges extérieurs s'il est proche de 97 %.

— Taux de couverture en volume : il rapporte les exportations aux importations exprimées en francs constants ou en indices de volume.

• *Termes de l'échange:* prix d'exportation/prix d'importation. Par définition, le taux de couverture en valeur est le produit du taux de couverture en volume et des termes de l'échange.

• *Effort à l'exportation* = (exportation/production) *100. Il mesure la part de la production nationale qui est exportée.

• *Taux de pénétration* = (importation/marché intérieur) *100. Marché intérieur = production − importations + exportations. Il mesure la part du marché intérieur couverte par les importations.

• *Degré d'ouverture d'une économie* = somme des importations et des exportations de biens et services (ou de marchandises) rapportée au produit intérieur brut.

• *Indices de compétitivité des prix.*

— Indice de la compétitivité externe = indice de prix d'exportation des concurrents/indice de prix d'exportation français, les deux indices étant exprimés en francs. Cet indicateur reflète la position concurrentielle sur les marchés extérieurs ; sa hausse traduit une amélioration de la compétitivité française.

— Indice de la compétitivité interne = indice de prix des importations/indice de prix à la production, les deux indices étant exprimés en francs. Cet indicateur reflète la position concurrentielle sur le marché intérieur ; sa hausse traduit une amélioration de la compétitivité française.

Ces deux indices dépendent :

1) des prix de production étrangers et français en monnaie nationale, eux-mêmes fonction des coûts de production (coûts salariaux, coûts de consommations intermédiaires) ;

2) des taux de change ;

3) des profits à l'exportation des producteurs français et étrangers qui modulent leurs prix de production selon les marchés auxquels ils s'adressent et les taux de change en vigueur.

Les deux indices de compétitivité des prix doivent être calculés sur des champs homogènes, en général l'industrie ou des sous-produits de l'industrie.

• *Parts de marché.*

A l'importation, la part de marché de la France est le complément du taux de pénétration défini plus haut. A l'exportation, la part de marché de la France (ou performance à l'exportation) est le rapport des exportations françaises à la demande mondiale, elle-même définie comme la somme des importations mondiales et non comme la somme des marchés intérieurs. Les deux notions ne sont donc pas symétriques.

• *Décalage conjoncturel.*

Le décalage conjoncturel entre la France et ses partenaires (ou différentiel de demande) est le rapport de l'indice de la demande mondiale à l'indice de la demande intérieure française.

6. Les soldes extérieurs: différents concepts

Les soldes extérieurs diffèrent selon le champ couvert et les différences de comptabilisation.

• *Solde commercial au sens des Douanes ou de la balance des paiements.* — Si l'on compare le solde des échanges de marchandises FAB/FAB des Douanes et celui FAB/FAB également de la balance des paiements, une différence importante apparaît. Deux raisons principales l'expliquent :

— une différence de champ géographique, qui explique l'essentiel de l'écart. La balance des paiements retrace les relations entre l'ensemble du territoire français (y compris les DOM-TOM) et l'extérieur, tandis que les statistiques des Douanes portent sur les échanges des seuls départements européens de la France avec le reste du monde (les DOM-TOM étant l'un des éléments du reste du monde) ;

— une différence de comptabilisation. D'une manière schématique, on peut dire que les chiffres douaniers enregistrent toutes les marchandises qui entrent ou sortent du territoire national, alors que la balance des paiements restreint davantage le champ couvert.

Certains mouvements de marchandises ne donnent pas lieu à des transferts de propriété ; tel est le cas, en particulier, des importations de pétrole à fin de façonnage pour compte étranger : chaque année, plusieurs millions de tonnes de pétrole, propriété d'entreprises étrangères, sont raffinées en France et les produits finis correspondants expédiés à leur propriétaire. Ces mouvements sont inclus dans les statistiques du commerce extérieur, mais la Banque de France les élimine lors de l'établissement de la balance des paiements et n'enregistre que la rémunération du service de raffinage.

Les Douanes majorent le prix de certaines importations lorsqu'il existe une relation privilégiée entre acheteurs et vendeurs afin d'enregistrer les marchandises « à un prix de libre concurrence ». La Banque de France élimine cet ajustement.

Enfin, certains mouvements de marchandises ne donnent pas lieu à règlement (exportations ou importations temporaires, aide alimentaire, fournitures non rémunérées entre sociétés d'un même groupe, etc.). Les chiffres douaniers enregistrent néanmoins ces marchandises pour leur valeur marchande. La balance des paiements fait de même dans la plupart des cas, mais pas toujours.

• *Balance des paiements courants, soldes des biens et services de la Comptabilité nationale et capacité de financement de la nation.* — Le solde commercial au sens des Douanes ou au sens de la balance des paiements concerne les marchandises. En revanche, la Comptabilité nationale recense des biens. Sont alors déduits des flux douaniers les échanges se rapportant à la récupération (ferrailles...), mais est ajouté l'avitaillement des navires et avions, c'est-à-dire les achats que les appareils français effectuent dans les ports étrangers (importations) et les ventes dans les ports français aux appareils étrangers (exportations).

Les échanges de services ont un champ plus large en balance des paiements qu'en Comptabilité nationale qui n'inclut pas, par exemple, les brevets et redevances et les intérêts sur emprunts ni les dividendes. Le solde de biens et services diffère donc sensiblement de celui issu de la balance des paiements.

En revanche, la capacité (ou le besoin) de financement de la nation calculé par les comptables nationaux (en base 1980) ne diffère du solde des paiements courants que par une correction de champ géographique, les DOM-TOM appartenant au reste du monde, comme pour les Douanes.

Un exemple : en 1984, dernière année pour laquelle les Comptes nationaux sont définitifs, les différents soldes étaient les suivants, en milliards de francs :

SOLDES DES MARCHANDISES AU SENS DES DOUANES
(FAB/FAB)-24,8

Balance des paiements		*Comptes nationaux*	
Solde des marchandises	− 39,7	Soldes des biens FAB/FAB	− 41,5
+ Négoce international	3,7		
+ Services	24,7	+ Soldes des services et du tourisme	69,8
+ Transferts unilatéraux	− 25,2		
+ Autres biens et services	29,2		
= Soldes des transactions courantes	− 7,3	= Soldes des biens et services	28,4
		Capacité ou besoin de financement de la nation	− 3,9

7. *Quelques pièges statistiques*

• *Nomenclatures*

Harmonisées au sein de chaque publication, elles diffèrent selon les organismes producteurs de statistiques. Pour certaines branches, les différences peuvent être importantes.

• *Champ couvert.*

Au sein même d'une publication, l'harmonisation des statistiques des pays n'est pas toujours complète. Par exemple, dans les publications de l'OCDE, les exportations de la France vers la RFA ne correspondent pas exactement aux importations allemandes en provenance de la France.

• *Correction de variations saisonnières (cvs).*

Certains pays publient des séries cvs, d'autres non. En France, les séries douanières sont même corrigées des variations saisonnières et des jours ouvrables (cvs-cjo) alors que l'INSEE ne corrige que des variations saisonnières dans ses comptes trimestriels. Les différences de croissance peuvent être importantes d'un trimestre à l'autre, selon l'une ou l'autre méthode.

La correction de variations saisonnières ne concerne par définition que les séries infra-annuelles (mensuelles ou trimestrielles). Pour l'année en cours, les séries mensuelles cvs étant calculées sur la base des coefficients des variations saisonnières des années précédentes, il arrive qu'en décembre le cumul des mois cvs soit très différent du résultat annuel brut. Par exemple, en décembre 1984, le cumul des résultats mensuels faisait cvs apparaître un déficit annuel de 22,3 milliards de francs alors que le résultat brut était de − 19,8. Seul celui-ci a un sens. Les profils mensuels seront recalculés pour que leur cumul annuel corresponde au vrai résultat de l'année.

• *Amélioration d'un solde.*

Le solde commercial ne s'améliore pas forcément si les exportations progressent plus vite que les importations. Cela dépend des ordres de grandeur. Un exemple : à l'année *n*, les exportations sont de 100 millions, les importations de 500 millions ; le déficit atteint donc 400 millions. A l'année $n+1$, les exportations progressent de 10 %, les importations de 5 % ; le déficit se creuse et atteint 415 millions.

• *Évolution d'un ratio.*

L'évolution d'un ratio dépend de celle du numérateur et de celle du dénominateur. Par exemple, il ne suffit pas que les prix d'exportation progressent pour que les termes de l'échange s'élèvent. Il faut qu'ils s'élèvent davantage que les prix d'importation.

Bibliographie

Une mention particulière doit être faite pour les *Comptes de la nation* publiés annuellement par l'INSEE ; les analyses se situent dans le tome I (Collections de l'INSEE, série C).

[1] Zoé Cardot, Jean-Pierre Dubarry, Dominique Sabatte, *Cahiers du commerce extérieur*, n° 5, ministère du Commerce extérieur, DREE, mars 1982.

[2] Jacques Mistral, « Vingt ans de redéploiement du commerce extérieur », *Économie et Statistique*, n° 71, juin 1975, INSEE.

[3] *VIIe Plan : rapport de la Commission des relations économiques et financières avec l'extérieur*, Documentation française, mars 1975 ; *Rapport sur l'adaptation du VIIe Plan*, Documentation française, septembre 1978.

[4] Pour plus de détails sur les évolutions par produits, voir les *Cahiers des relations économiques extérieures*, « Échanges », ministère du Commerce extérieur et *La Situation de l'industrie française en 1987*, Collections de l'INSEE C150, juillet 1988.

[5] Alain Azouvi, « Les soldes extérieurs de l'agro-alimentaire », *Économie et Statistique*, n° 144, mai 1982, INSEE.

[6] Bernard Lassudrie-Duchêne, Jean-Claude Berthélemy, Fernand Bonnefoy, *Importation et production nationale*, Economica, 1986. Une synthèse du livre a été publiée par les mêmes auteurs dans la *Revue du CEPII*, n° 29, 1er trimestre 1987, sous le titre « L'importation et la production en France ».

[7] Michel Delattre, « Points forts et points faibles du commerce extérieur industriel », *Économie et Statistique*, n° 157, août 1983 ; et « 1974-1984 : une nouvelle donne pour les branches de l'industrie », *Économie et Statistique*, n° 186, mars 1986, INSEE.

[8] André ORLÉAN, « L'insertion dans les échanges internationaux : comparaison de cinq pays développés », *Économie et Statistique*, n° 184, janvier 1986, INSEE.

[9] Michèle DEBONNEUIL, Michel DELATTRE, « Les pertes de parts de marché : la compétitivité en cause », *Économie et Statistique*, n° 203, octobre 1987, INSEE.

[10] Jean MATHIS, Jacques MAZIER, « Niveau de coûts de production et performances extérieures des grands pays industrialisés », *Revue de l'IRES*, n° 12, 2e trimestre 1987.

[11] Voir l'exposé des théories du commerce international dans : Michel RAINELLI, *Le Commerce international*, La Découverte, « Repères », septembre 1988.

[12] Jacques LE CACHEUX, François LECOINTE, « Changes réels et compétitivité de la France, l'Italie, la RFA et les États-Unis », *Revue de l'OFCE*, n° 20, juillet 1987.

[13] Alain FONTENEAU, Alain GUBIAN, « Comparaison des relances françaises de 1975 et 1981-1982 », *Revue de l'OFCE*, n° 12, juillet 1985.

[14] Alain FONTENEAU, Pierre-Alain MUET, *La Gauche face à la crise*, Presses de la FNSP, novembre 1985.

[15] Michel CATINAT, Jean PISANI-FERRY, Katheline SCHUBERT, « Les incidences d'une dévaluation du franc ont-elles varié depuis vingt ans ? », *Économie et Statistique*, n° 178, juin 1985, INSEE.

[16] Michel DEBONNEUIL, Henri STERDYNIAK, « Apprécier une dévaluation », *Économie et Statistique*, n° 142, mars 1982, INSEE. François MEUNIER, Katheline SCHUBERT, « Les effets en France des variations du dollar : certitudes et incertitudes », *Économie et Statistique*, n° 189, juin 1986, INSEE.

[17] Henri BOURGUINAT, Michel CAZALS, Philippe THURBIDE, *L'entreprise française face aux variations de change. Dollar contre SME ?*, Economica, 1985.

[18] Michel AGLIETTA, « L'économie française face aux contraintes de change : une tragédie revisitée », *Les Cahiers français*, n° 229, janvier-février 1987, La Documentation française.

Table

Composition Facompo, Lisieux (Calvados)
Achevé d'imprimer en février 1989
sur les presses de l'imprimerie Carlo Descamps,
Condé-sur-l'Escaut (Nord)
Dépôt légal : février 1989
Numéro d'imprimeur : 5563
Premier tirage : 8 000 exemplaires
ISBN 2-7071-1807-9